KB158693

축구 일을 너무 하고 싶다

축구 일을 너무 하고 싶다

축구 취준생을 위한 직업설명서

JOBS AND CAREERS IN THE FOOTBALL INDUSTRY

김환 · 정다워 지음

bs

INTRO

축구를 직업으로 삼고 싶은 청춘들에게

"축구 쪽에서 일하겠다고? 근데 너 축구도 잘 못하잖아."

대충 17년 전쯤 친구들에게 들은 말이다. 지금 생각해도 틀린 말은 아니다. 해외 축구 좀 본다고 축구 쪽에서 일하겠다니. 축구 실력은 눈뜨고 보기 힘든 수준에다가 관련 취업 정보는 하나도 없는 공대생이었으니 어쩌면 당연한 반응이었다.
축구선수가 되겠다고 한 것도 아니지만 그때 분위기는 그랬다. 삼성전자에 입사하려면 코딩 정도는 능수능란하게 해야 할 것 같은 느낌과 비슷하게 축구를 못하면 축구 쪽에서 일하기 힘들 것이라는 막연한 생각이 존재하던, 축구판을 보는 시각이 참 한정적이었던 시절이었다.
당시 나는 주변에 축구계에서 일하는 방법을 알려줄 사람도, 물어볼 곳도 없었기 때문에 조금은 무모하게 혼자 길을 만들며 빙 돌아갔다. 그때는 아직 시장이 크지 않았고, 비선수 출신이 축구계에 발을 들이려는 시도도 많지 않았기 때문에 다행히 그 무모하고 미련한 방법이 통했던 것 같다.
하지만 지금은 상황이 다르다. 축구라는 스포츠산업이 창출할 수 있는 경제적 부가가치가 커지면서 자본과 사람이 몰리기 시작했다. 이제 경쟁을 피할 수 없게 됐다. 17년 전 나는 표지판이 없는 힘든 길을 택했다면, 지금 축구를 업으로 삼으려는 친구들은 복잡한 미로 속에서 경쟁의 레이스를 택한 것이다.
이 책은 '도전하세요', '열심히 하면 됩니다'라고 마냥 희망을 말하는 책은 결코 아니다. 취업 방법이 궁금한 이들보다 '내가 정말 이 직업에 도전해 봐도 될까'라는 의구심에 도전을 망설이는 이들에게 권하는 책이다. 부디 이 책이 여러분이 느끼는 불안함과 막막함을 조금이나마 해소해 줄 수 있기를 바란다.

김환

리얼하고 생생한 축구판 선배들의 직업 이야기

한국에서 스포츠산업, 특히 축구산업 분야는 아직 걸음마 단계에 있다. 이 책이 『축구직업설명서』라는 제목으로 처음 세상에 나왔던 7년 전이나 지금이나 업계 환경에는 큰 변화가 생겼다고 말하기 어렵다. 여전히 열악한 처우와 환경에, 취업의 문은 좁기만 하다. 오히려 더 나빠졌다고 해도 크게 이상하지 않을 정도다. 몇몇 분야를 제외하면 힘들게 취업에 성공한다고 해도 만족스러운 조건으로 일하기는 쉽지 않다.
그래도 축구계 취업을 준비하는 이들은 많은 것으로 알고 있다. 최근에도 내게 메일로 취업 문의를 하는 고등학생, 대학생이 있는 것을 보면 축구계 취업은 여전히 누군가에게 '로망'인 모양이다.
그만큼 나름의 매력이 있는 분야인 것은 분명하다.
이 책은 축구계 취업을 추천하기 위해 만든 것은 아니다. 현실을 냉정하고 객관적으로 보여주고 그나마 있는 가능성을 발견하도록 돕는 데 목적이 있다. 이 책은 어디까지나 현업 선배들의 가이드라인 정도로 참고해야 한다. 앞서 설명한 대로 축구계 취업은 여전히 명확한 길로 안내하기 어려운 분야이기 때문이다.
상투적이지만 결국 적극적인 자세로 도전하고 많은 경험을 쌓는 이가 원하는 바를 이룰 가능성이 높다고 말할 수밖에 없다. 학력이나 스펙도 중요하지만 취업을 위해 걸어온 궤적도 결국 인재를 평가하는 기준이 된다. 자신의 길을 스스로 개척하고 미래를 준비하는 게 축구계 취업으로 가는 지름길이 될 수 있다는 점을 강조하고 싶다.

정다워

GUIDE

『축구 일을 너무 하고 싶다』는 축구와 관련된 직업에 대한 정보와 그 직업에 현재 종사하고 있는 사람들의 솔직하고 현실적인 조언을 담고 있는 책이다. 2022년 현재, 한국 축구계의 대표적인 직업 16종을 선별해 그 직업을 갖기 위해 필요한 능력과 실제로 하는 일, 근무 조건, 향후 전망 등에 관한 정보를 김환, 정다워 두 저자가 취재하여 정리했다. 또한 그 직업에 종사하는 인물 21인의 심층 인터뷰를 통해 취업에 도전해 성공하고, 만족스러운 직장 생활을 하며, 이후 커리어에서 발전할 수 있는 조언 등을 담았다. 크게 TACTICS, KEY PLAYER, MIXED ZONE, RATINGS 네 가지 요소로 관련 정보를 취합, 정리하였고, 네 요소만으로 충분한 정보가 전달되지 않는다고 판단될 경우 INJURY TIME을 곁들였다.

직업에 대한 전반적인 정보를 탐구하여 정리했다.
각 직종 종사자가 실질적으로 수행하는 업무,
채용 방식, 필요한 역량 등을 설명한다.
직업에 대해 막연한 이미지로 품고 있던 직무 성격과
과업을 구체화, 정립할 수 있는 정보에 해당한다.

현재 해당 직종에 종사하고 있는 '현업 실무자' 가운데 참고가 될 만한 인물을 선정하여 심층 인터뷰한 내용을 정리했다. 현재는 각 직업군을 대표할 수 있을 정도로 성장한 인물들이나, 비교적 평범하게 커리어를 시작한 보통 사람들의 취업, 현업 이야기를 담고자 했다. 현업에 종사하고 있는 선배들의 뼈와 살이 되는, 그렇지만 결코 따뜻하지만은 않은 조언이라고 생각하면 된다.

각 직업과 대표 인물을 취재, 인터뷰한 내용을 토대로
향후 해당 직업의 전망, 안정성 등을 분석한다. 어느 정도는
저자의 주관적인 분석과 인터뷰이의 개인적인 의견이 반영된 것이니
참고자료로 활용하는 것이 적절하다. 자신의 역량이나 성향이
각 직업에 얼마나 잘 맞는지 가늠해보는 정도로 참고하면 충분하다.

급여수준, 취업난이도, 업무강도 등 각 직업의 이모저모를
경기 후 나오는 선수 평점 방식으로 정리했다.
취재 기자의 한 줄 평과 더불어 각 직업의 장단점을 파악해보고
자신이 생각하는 평점을 매겨보는 것도 좋겠다.

직업에 이르기 위한 여러 가지 경로를 소개하고,
잘못 알려져 있는 가짜 정보는 바로잡는 섹션이다.
축구 관련 뉴미디어, 축구산업아카데미, 축구영상분석업체,
축구 유학 등 일반인들이 깊이 알기 어려운 정보를 정리했다.

CONTENTS

01

대한축구협회 직원

/ 국가대표를 돕는 숨은 태극전사 /

KFA STAFF

업무 개요

한국 축구와 관련된 모든 일

급여 수준

5000만 원대 초반

(신입사원 세전 기준)

채용 방식

평균 2~3년마다 1회 공채

경쟁률

평균 100 대 1 이상

(서류전형 기준)

요구 어학 능력

국제 업무 가능한 영어회화

대한축구협회는 한국 축구의 모든 분야를 관리하는 최상위 기관이다. 한국 축구의 컨트롤 타워라고 할 수 있다. 축구 포지션으로 설명하면 경기를 조율하는 플레이메이커다. 국민들로부터 큰 관심을 받는 A대표팀부터 유소년 축구까지 축구협회의 손길이 닿지 않는 곳은 없다. 축구 관련 직업을 꿈꾸는 이들이라면 누구나 일해보고 싶은 곳이다.

많은 취업 준비생들은 축구협회에 들어가면 내가 어떤 일을 하게 될지 상상한다. 일반적으로 유명한 축구선수들과 함께 일할 것이라는 기대감이 클 것이다. 그러나 실제로는 선수들과 직접적으로 마주칠 일이 그렇게 많지 않다. 선수들과 함께 부대끼며 일하는 국가대표지원 업무만 있는 게 아니라 홍보, 마케팅, 행정 등 다양한 일이 존재하기 때문이다.

취업 준비생 대부분은 국가대표지원팀에서 일하고 싶어 한다. 선수들과 함께 생활하고 싶기 때문이다. 이러한 일을 하는 직원을 일명 '대표팀 매니저'라고 부른다. 그러나 이곳도 일반 기업과 다를 게 없다. 본인이 원하는 부서에만 일하는 건 불가능하다. 입사 이후 수습 기간을 거치다 보면 자신의 부서가 정해지는데, 이때 원하지 않는 부서로 발령이 나서 실망하는 경우도 종종 볼 수 있다. 따라서 무슨 일이 있어도 축구선수들과 함께 일하겠다는 욕심은 접어두는 게 좋다.

축구협회 취업은 대기업 입사 못지않게 힘들다. 채용 기준이 까다로운 데다 공개 채용 인원도 그리 많지 않다. 공개 채용 자체가 비정기적이기도 하다. 평균적으로는 2~3년에 한 차례씩 채용을 한다. 공채가 있을 때마다 평균 4~6명 정도가 축구협회의 신규 직원이 된다. 간혹 비공개 특별

채용이 있기는 하나 대부분 특수한 분야에서 일하는 명망 있는 인물인 경우가 많다. 가장 최근에는 2019년 10월에 정규직 사원을 뽑았다. 그 이후 경력직이나 계약직 사원은 뽑았으나 정규 채용은 없었다.

보통 축구협회 공개 채용 과정은 크게 네 단계를 거친다. 서류전형 → 인적성검사 → 실무면접(영어면접 포함) → 임원면접 순이다. 인적성검사는 중고등학교 과정을 성실히 이수했다면 충분히 풀 수 있는 문제들이다. 삼성 그룹의 SSAT와 비슷한 개념이라고 보면 된다. 미리 준비한다고 해결되는 건 아니라는 게 합격자들의 의견이다. 그래도 준비하고 싶다면 다른 대기업의 적성검사 시험지를 풀어보는 걸 추천한다.

실무 면접은 영어 프레젠테이션과 질의응답 등으로 진행된다. 대부분의 질문은 경험과 관련된 내용인 것으로 알려져 있다. 면접관이 봤을 때 이력이 흥미롭다면 많은 질문을 받을 것이다. 질문을 많이 받는다고 꼭 좋은 건 아니지만, 이때 대답을 잘 한다면 높은 점수를 받을 수 있다. 영어 면접이 동시에 진행되기 때문에 철저한 준비가 필요하다. 평소에 영어 회화 능력을 길러 놓지 않으면 불가능한 미션이다. 그러니 틈틈이 영어 발표를 준비하는 게 좋다. 과거 임원면접에는 최종 합격자 수의 1.5배수가 참여했다. 그러나 최근에는 2배수 이상을 선발해 최대한 많은 인원을 임원면접에서 볼 수도 있다고 한다. 마지막까지 안심할 수 없는 채용 과정이다.

축구협회를 통해 가장 많이 들어오는 질문은 두 가지다. '체육학과를 졸업해야 하나요' 그리고 '영어를 어느 정도로 잘해야 되나요'다. 일단 전자의 대답은 '아니오'다. 축구협회엔 축구 관련 일만 하는 곳이 아니다. 회계, 경영, 인사 등 다양한 분야가 있다. 체육학과 출신 타이틀이 큰 도움이 되는 부서가 많다고 보긴 힘들다. 삼성전자 직원이 모두 공대 출신일 필요는 없는 것과 비슷하다. 다만 축구에 대한 관심과 애정은 평가 항목에 들어간다. 그렇다고 해서 축구만 아는 일명 '마니아'는 크게 각광받지 못할 것이다. 한마디로 적당히 축구를 좋아하고 관심을 가지면 된다는 의미. 축구 외의 소양을 쌓는 것을 게을리해서는 안된다고 이해하면 된다.

축구협회 관계자에 따르면 출신학과의 비율은 공개 채용 때마다 조절하고 있다. 서로 다른 전공을 가진 신입사원들이 들어오도록 만드는 게 축구협회의 기본 방침이다. 물론 무조건 서로 다른 전공자를 뽑겠다는 건 아니다. 다양한 인재를 선택하겠다는 의지로 해석하면 된다. 전공은 서류 전형에서만 참고되는 항목이다. 이후 면접을 어떻게 하느냐에 따라 전공이 무의미해질 수 있다.

두 번째 질문에 대한 답은 '잘하면 잘할수록 좋다'다. 이 부분에 대해서는 중요성을 강조하지 않아도 지원자들이 스스로 잘 알고 있을 것으로 생각한다. 스페인어, 포르투갈어, 독일어, 일본어, 중국어 등 제 2외국어가 가능하면 당연히 더 좋다. 그러나 필수는 아니니 너무 걱정하지 않아도 된다.

공개 채용시 입사인원은 정확하게 정해 놓지 않는 편이다. 대략 5명 안팎으로 알려져 있다. 좋은 인재가 더 포착된다면 이 숫자는 늘어날 수 있다. 채용 숫자는 한국 축구의 발전과 연관성이 있다. 한국 축구가 발전한다면 당연히 직원이 더 필요할 것이다. 반대로 한국 축구가 하락세라면 신입 사원을 뽑는 일은 줄어들 가능성이 크다.

축구협회가 원하는 성품이 아니면 탈락할 수 있다는 점도 기억해야 한다. 그렇다면 축구협회는 어떤 인재를 원할까? 정답은 없지만 축구협회 직원들의 의견을 취합한 결과는 이렇다. 일단 '지나친 개성'은 부정적이다. 많은 지원자들의 착각이 면접에서 튀면 좋다는 생각이다. 축구적인 지식을 어필하려는 이들도 꽤 된다. 오히려 독이 될 수 있다. 사람 사는 게 똑같다. 내가 축구를 사랑한다는 마음을 과하게 어필한다면 면접관 역시 불편함을 느낀다. 축구협회가 독특하고 특별한 사람을 필요로 한다는 오해로부터 시작된 면접 태도는 탈락의 지름길이 될 수 있다는 걸 명심하자.

축구협회도 하나의 조직이자 기업이다. 빨리 녹아들 수 있고 비교적 무난하고 평범한 성격의 인물을 선호한다. 자신의 톡톡 튀는 개성은 추후에 업무를 통해서 보여주면 될 것이지 굳이 면접에서 보여줄 필요는 없다. 적당한 어필 정도가 좋다. 축구협회는 전 국민들의 관심을 받는 곳이다. 그럴수록 말과 행동을 조심해야 한다. 그렇기 때문에 개성을 내세우며 일하다가 실수를 저지를 수도 있다. 축구협회가 무난한 성격의 지원자를 선호하는 이유다. 무난해 보이면서도 자신의 장점을 확실하게 어필한다면 더할 나위 없다. 내가 축구협회에서 일한다면 무엇을 할 수 있는지 짧은 시간 안에 설명해야 한다. 한마디로 개성을 적절하게 억누르며 자신의 매력을 드러내는 기술이 필요하다.

서류전형 평균 경쟁률은 100 대 1 이상이라고 한다. 가장 최근에 진행된 전형에서는 550명이 지원해 4명이 최종 합격했다는 후문이다. 누구나 예상했듯 대기업 버금가는 경쟁률이다. 축구협회 입사에 실패했다고 해서 좌절하지 마라. 3~4년에 10명 정도가 겨우 입사하는 곳이니 누구에게나 어렵다. 축구협회 사원 채용에서 최종 면접까지 갔다는 것만으로도 큰 성공이다. 그 실력으로 다른 대기업을 지원한다면 충분히 뽑힐 수 있다는 게 축구협회의 설명이다.

축구협회 입사에는 구체적인 가이드라인이 없다. 힌트 정도만 존재할 뿐이다. 누구나 도전할 수 있다. 축구협회 입사 확률이 매우 낮은 건 어떻게 봐도 부정할 수 없는 사실이다. 하지만 분명 그곳에 입사해 일하고 있는 이들이 있다. 언제나 길은 있는 법. 목표를 가지고 준비를 하다보면 축구와 관련된 많은 경험을 쌓을 수 있을 것이다.

KEY PLAYER

박은지

남들과 다른 특별한 경험과 꾸준한 노력이 반드시 필요하다

박은지, 그는 한두 해 반짝 벼락치기로 대한축구협회 입사를 준비하지 않았다. 7년 가까운 긴 시간 동안 철저히 준비하여 스스로를 'KFA형 인재'로 발전시켰다고 해도 과언이 아니다. 무엇보다 오랜 시간 공들여 관련 경험, 경력을 철저히 쌓은 것이 돋보인다. 다소 부족할 수 있는 학벌을 다른 요소들로 보완하려 노력하는 가운데 성장과 발전을 거듭하며 입사에 성공한 케이스로, 타 분야의 취업 준비생들도 충분히 참고할 만하다.

AFC
WOMEN'S ASIAN CUP
AFC WOMEN'S ASIAN CUP
23
ALL AREAS
AFC
molten

박은지 대리는 함께 입사한 동기들에 비해 학벌이 다소 뒤처진다. 여기서 말하는 학벌이란 우리 사회가 일렬로 세워놓은 대학 서열이다. 대학에 따라 높낮이가 결정되는 건 매우 불편한 일이지만 취업 시에는 어쩔 수 없는 현실이 되니 이해 바란다. 박 대리는 "뒤처지는 학벌을 다른 요소로 보완하려고 노력했다"고 말한다. 오직 경험과 꾸준한 노력으로 좁은 관문을 통과한 인물이라고 볼 수 있다. 축구협회 입사에 대한 꿈이 있으나 막막한 이들에게 희망을 줄 수 있는 인물이다.

박 대리는 2014년 상반기 공채를 통해 입사했다. 2012년에 이어 두 번째 도전 만에 성공했다. 합격은 그의 능력 덕분이지만 채용 시기는 운이 따라줬다고 볼 수 있다. 당시에는 다행히도 2년 만에 공개 채용이 있어서 지원할 수 있다고 한다. 2012년 공채 탈락 이후 2년 동안 준비를 참 많이 했다고 강조했다. 뭔가 독특한 사람이 아닐까 하고 추측할 수도 있지만, 박은지 대리의 이야기를 듣다 보면 우리와 같은 길을 걸은 평범한 인물이다. 그의 발자취를 따라가다 보면 축구협회에 입사할 수 있겠다는 자신감이 생길 것이다.

TIP 1 축구협회 주변을 공략하라

박은지 대리가 축구협회에 입사할 수 있었던 건 어린 시절부터 축구계 주변을 맴돌며 경험을 쌓은 덕분이다. 입사하기 전부터 이미 직원들과 친분이 있었던 터라 많은 정보를 수집하고 준비할 수 있었다. 축구협회 직원과 친분을 쌓아 정보를 얻는 건 전혀 부끄럽거나 창피한 일이 아니라는 걸 기억해야 한다. 오히려 축구협회에 다가갈 수 있는 최고의 방법이다. 물론 자연스러운 접근이어야 많은 정보를 얻을 수 있을 것이다.

박 대리는 숙명여대 체육교육과를 졸업했다. 아마추어 축구를 즐기다 축구협회 입사라는 목표를 가지게 됐다. 처음 축구협회에 대해 관심을 가진 건 2007년이다. 대한축구협회 주최로 열렸던 여자대학생축구클럽대회에서 선수로 활약하며 득점왕과 최우수선수를 동시에 차지했다. 그러면서 축구와의 인연이 시작됐다. 축구를 좋아하지만 잘하기도 해서 더욱 관심이 커졌다고 한다. 여기서 잠깐! 앞에서도 말했듯 체육학과가 축구협회 입사에 큰 도움이 됐다고 보면 오산이다. 체육학과 학생이기 때문에 축구를 적극적으로 즐겼고, 그 결과 축구와 쉽게 친해졌다고 보는 게 더 정확한 표현이다.

축구협회 입사를 목표로 세웠을 때 무엇부터 했을까? 여러분들과 똑같았을 것이다. '무엇부터 해야 할까?'에 대한 고민이다. 축구협회에서 공개채용을 하지 않는 한 도전할 방법이 없었기 때문이다. 박 대리는 "축구협회 입사에 대한 막연한 꿈이 있었으나 길이 보이지 않았다. 도움을 받을 수 있는 멘토를 만드는 게 중요했다"고 말했다.

그는 2007년 국내에서 열린 FIFA U-17 월드컵에서 자원봉사를 하면서 축구협회와 조금 가까워졌다. 당시 20대 초반의 나이로 축구협회 관계자와 이야기를 나눌 수 있는 유일한 방법은 축구협회가 주최하는 대회에서 자원봉사를 하는 것이었다. 그는 이 대회에서 미디어팀에서 일하며 축구협회 업무를 간접 체험했다.

당시 인연을 맺은 이들을 통해 조금씩 정보를 수집했다. 축구협회 실무자들은 '영어'와 '다양한 경험' 그리고 '복수전공'을 추천했다. 어떻게 보면 특별할 것도 없는, 당연해 보일 수 있는 조언이었다. 그런데 그 평범한 조언이 박은지 대리에게는 커다란 동기부여가 됐다. 막막한 상황에서 한 줄기 빛이었던 셈이다.

사실 대학생들에게 축구협회 입사에 대해 구체적인 조언을 해주긴 어렵다. 채용 과정을 상세히 말해줄 수도 없는 노릇이며 축구협회에 입사한 인물들이 매우 다양하기 때문에 일반화해서 '이렇게 하면 입사할 수 있다'라고 말해주는 것도 무리가 있다. 아마도 당시 축구협회 관계자들은 대학생에게 해줄 수 있는 최선의 어드바이스를 해줬을 것이다. 박 대리에게는 현장에서 일하는 사람들의 작은 조언도 매우 소중했다. 사실 모든 직업이 그런 것 같다. 막막했을 때 누군가 나타나 던진 짧은 한마디가 크게 다가올 수 있다.

여기서 기억해야할 건 박은지 대리가 자신의 꿈을 구체적으로 실현시킬 수 있는 인물들을 만나기 위해 U-17 월드컵 현장으로 직접 뛰어들었다는 점이다. 가만히 앉아서 인터넷이나 뒤적거렸다면 절대 만날 수 없었던 소중한 인연들이다. 이 부분을 읽고 박은지 또는 축구협회에서 일하는 누군가의 인스타그램이나 소셜 미디어를 검색해 메시지를 보내려고 한다면 절대 그렇게 하지 말기를 바란다. 일단 매너에도 어긋날뿐더러 메시지 하나로 쉽게 뭔가를 얻을 수 있다는 생각 자체가 큰 오산이다. 직접 부딪혀서 만든 관계를 통해 정성을 들여 질문을 하라. 그래야 진짜 답변을 얻을 수 있을 것이다.

TIP 2 영어회화 실력은 아무리 강조해도 지나치지 않는다

그는 자원봉사 직후인 3학년부터 경영학부 복수전공을 시작했다. 그리고 국내에서 할 수 있는 선에서 영어 공부를 시작했다. 토익과 토플 같은 시험보다는 회화에 집중했다. U-17 월드컵에서 자원봉사를 하며 회화의 중요성을 직접 느꼈기 때문이다. 실제로 부딪혀 얻는 경험이 얼마나 소중한지 알 수 있는 대목이다.

꼭 영어공부를 국내에서만 하라는 건 아니다. 여유가 있다면 밖으로 나가라. 연수나 유학으로 영어 실력을 키우는 게 베스트다. 그러나 각자 형편에 맞게 공부하는 게 최고라는 걸 말하고 싶다. 다시 한 번 강조하지만 축구협회는 모든 부서에서 영어를 사용한다. 국제 업무가 생각보다 많다. 영어를 잘하면 무조건 유리하다. 입사 이후에도 꾸준한 영어 공부가 필요하다. 영어 능력에 따라 더 많은 기회가 주어지기도 하기 때문이다.

TIP 3 매력적인 경험을 하라

책상에 앉아서 영어 공부만 할 수는 없다. 경험이라는 또 다른 날개가 필요하다. 박은지 대리가 했던 축구 관련 활동을 참고하면 도움이 될 수 있다. 선수 출신이 아니라면 그가 쌓은 정도의 경험은 해봐야 한다. 일단 그는 2008년 축구협회 명예기자 업무를 시작했다. U-17 월드컵 자원봉사를 통해 첫 단추를 잘 꿰어 놓았기에 명예기자가 되는 데도 큰 어려움이 없었다. 주로 K3리그 취재를 다니며 국내 축구의 흐름을 파악했다. 기자가 꿈이 아닌 데도 명예기자 활동을 한 것은 '축구협회 주변을 공략하라'는 첫 번째 팁과 연관성이 있다.

운동을 잘한다는 장점을 살려 3급 심판 자격증도 땄다. 이 자격증이 축구협회 입사에 큰 영향을 미치진 않았겠지만 면접관들이 서류를 쳐다봤을 때 매력적인 한 줄이 되었을 것은 틀림이 없다. '오! 이 친구 심판 자격증도 따고 축구를 엄청 좋아하나 보네' 정도로 어필이 가능하다. 면접장에서 백날 축구를 사랑한다고 말하는 것보다 이러한 이력 한 줄이 더 효과적일 수도 있다. 그는 명예기자 업무를 통해서도 축구협회 경기국 직원들과 친분을 쌓았다. 이 인맥을 통해서도 다양한 조언들을 들으며 꿈을 키울 수 있었다.

여기까지는 누구나 가능한 도전이라고 할 수도 있다. 지금부터 말할 내용은 박은지 대리만 했던 색다른 경험이다. 바로 축구대회 개최다. 박 대리는 2008년을 끝으로 사라진 여자대학생축구클럽대회를 직접 개최하기로 마음먹었다. 자신이 거주하는 곳인 고양시 안에서 작은 규모의 아마추어 여자대학생축구클럽대회를 개최하겠다는 걸 1차 목표로 잡고 나만의 프로젝트를 시작했다. 같은 학과 선배였던 김영선 당시 고양시의원의 도움을 받아 고양시체육회와 연결됐고, 축구협회 관련 일을 하면서 알게 된 이해두 실장의 도움을 받아 대회에 필요한 기본적인 물품을 지원받았다. 대학생 신분으로는 접촉하기 힘들었던 고양시를 인맥으로 뚫어낸 셈이다. 이 역시도 '매우 바람직한 인맥 활용'이라고 할 수 있겠다. 결국 2009년 박은지 대리를 중심으로 한 숙명여대 체육교육과와 고양시와 손을 잡고 여자대학생클럽축구대회를 개최했다.

그는 "축구와 관련된 일을 고민하다가 내가 출전했던 대회를 다시 부활시켜보자는 아이디어를 냈다. 아마추어 여자축구 놀이의 장을 만들어 보고 싶어 하는 마음에서 시작된 이벤트였다"고 설명했다.

인연은 꼬리에 꼬리를 물었다. 박은지 대리는 여자클럽축구대회를 함께 개최한 고양시와 인연을 통해 고양시민축구단에서 6개월간 실제 구단 업무를 배웠다. 자원봉사에 가까운 신분이었으나 구단이 실제로 어떻게 운영되는지를 배울 수 있는 시간이었다. 홈페이지 관리부터 회계 업무까지 다양한 역할을 소화해내며 경험을 쌓았다.

축구협회가 바라는 경력은 바로 위와 같은 것이다. 대학생 신분으로 대회를 개최하고 작은 구단에 들어가 업무를 경험해봤다는 것만으로도 이 사람의 적극성과 노력이 고스란히 전해진다. 이 이야기만 들어도 누구나 "젊은 대학생이 대단한 일을 했다"라는 생각이 들 것이다. 매력적이 경험이란 건 이런 것이다.

TIP 4 1~2년의 짧은 도전으로는 이뤄낼 수 없다

박 대리가 축구협회 입사의 꿈을 밝혔을 때 대부분의 축구계 관계자들이 'SKY(서울대, 고려대, 연세대) 출신 아니면 힘들다'라는 이야기를 했다고 한다. 실제로도 축구협회 안에 '스카이' 출신들이 많다. 그렇다고 해서 그들이 '스카이'라서 입사한 건 아니다. 무언가 다른 노력을 했기 때문이다. 박은지처럼 남들에게는 없는 경험이 있다면 '스카이'와는 무관하게 입사할 수 있다.

그는 2012년 3월 축구협회 공개 채용에 응시했으나 1차 서류 전형에서 탈락했다. 박 대리도 "스카이 출신이 아니면 안 된다는 말이 자꾸 생각났다. 2007년부터 쉴 새 없이 다가갔는데 벽에 막힌 느낌이 들었다"고 회상했다.

하지만 축구협회 관계자들은 이미 박은지라는 인물에 대해 눈여겨보고 있었다. 열심히 하는 건 기본이며 대학생 신분으로도 일을 잘한다는 평가가 많았다. 특히 축구와 관련된 일을 꾸준히 여기저기서 하고 있었기 때문에 눈에 들어올 수밖에 없는 상황이었다. 2012년 공채에서 떨어진 그를 데려간 곳은 바로 동아시아축구연맹이었다. 축구협회 공개채용에서 탈락한 사람들의 서류를 검토하다가 그의 이력서가 눈에 들어와 면접을 제안한 것이다. 당시 동아시아축구연맹이 2년짜리 계약직 사원을 찾던 중이라 상황이 맞아 떨어졌다.

당시 동아시아축구연맹은 김주성 사무총장, 김대업 차장 등 두 명으로 구성된 작은 단체였다. 박은지 대리가 합류하면서 3명이 실제 업무를 해야만 했다. 축구협회의 도움을 받고는 있었지만 모든 걸 스스로 해야 하는 상황이 잦았다. 오히려 잘된 일이었다. 박 대리는 신입 계약직 사원으로는 하기 힘든 일을 배우기 시작했다.

그는 이곳에서 2년 동안 국제회의 준비부터 대회 개최까지 축구협회에서도 직접 활용할 수 있는 업무를 익혔다. 동아시아 국가들과 영어로 소통해야하는 단체이다 보니 그동안 차근차근 준비했던 영어회화 능력도 빛을 발했다.

많은 이들이 취업을 준비하면서 이런 생각을 한다. '영어 공부와 다양한 경험들이 실제 입사에 도움이 될까?' 박 대리도 마찬가지 생각을 했다. 하지만 결과적으로는 영어 실력과 다양한 경험은 그대로 업무 능력 향상으로 이어졌다. 그는 동아시아축구연맹에 입사하자마자 아마추어가 아닌 프로다운 모습으로 일처리를 해냈다.

동아시아축구연맹의 일이 끝나갈 무렵 2014년 2월 다시 한 번 공채의 기회가 찾아왔다. '또 떨어지면 이제 뭘 어떻게 해야 하지?'라는 불안감이 컸다. 하지만 이번에는 축구협회가 손을 내밀어 취업에 성공했다.

결과적으로 보면 박은지 대리는 조금 돌아가더라도 체계적으로 취업을 준비했다. 축구협회 입사에 대한 간절함 역시 큰 몫을 차지했다. 필자(김환)가 12년 가까이 지켜봤던 박 대리는 늘 진중했으며 매사에 성실하게 임했다. 튀지는 않았지만 언제나 자기 몫 이상을 해내는 인물이었다.

박은지 대리는 본인처럼 아무것도 없는 상태에서 시작해 축구협회에 입사한 이들이 많아졌으면 한다는 바람을 드러냈다. "본인이 부족하다고 생각한다면 그 부분을 채우면서 목표를 이뤄내야만 한다. 꿈이 있다면 못 할 것도 없다. 조언을 구하는 데 주저하지 마라. 주변 사람을 잘 활용하고 매사에 진중해라. 그러다 보면 어느덧 꿈이 당신 앞에 다가와 있을 것이다."

축구협회 입사 방법을 이야기할 때 한 가지 확실한 건 1~2년의 짧은 도전으로는 현실적으로 입사가 쉽지 않다는 것이다. 최소 20대 초반부터 축구에 대한 관심을 꾸준히 가지면서 관련 경력을 쌓는 게 매우 중요하다. 박은지 대리처럼 직접 대회를 개최해본 경험이라든지 아니면 축구협회의 발전에 도움이 될만한 아이디어를 늘 생각하며 기회가 왔을 때 구체화할 수 있도록 해보자.

INJURY TIME

박은지 대리는 취업 이후 2018년 1월까지 국가대표 지원팀에서 근무했다. 주로 파주트레이닝센터로 출근하며 대표팀 선수들과 소통하는 역할을 했다. 여자 축구에서는 15세부터 A대표팀까지 다양한 역할을 맡으며 현장 업무를 해냈다. 남자 축구에서도 16세부터 23세까지 다양현 연령별 대표팀을 경험했다. 2018년 2월부터는 다시 동아시아축구연맹에 파견됐다. 계약직 직원으로 동아시아축구연맹에서 일할 때 국내외에서 좋은 평가를 받았기에 이번에도 적임자로 꼽혔다. 누구보다도 익숙한 자리였기에 성실하게 2년을 보냈고 2019 동아시아축구연맹(EAFF) E-1 챔피언십 등 EAFF에서 주최하는 국제회의 및 대회를 성공적으로 치러냈다.

물론 그 사이에 일만 했던 건 아니다. 개인의 발전을 위해서도 노력했다. 2019년 7월에는 아시아축구연맹(AFC) 경기 감독관 시험에 지원해 합격했다. 필기와 영어인터뷰로 이루어지는 모든 과정을 통과했다. AFC 회원국 소속 축구협회에서 일하는 직원들도 번번이 떨어지는 어려운 과정이기에 노력의 결과라고 말할 수 있다. 앞으로는 축구협회 일은 물론 AFC 산하 대회에 파견되어 감독관으로도 활동할 수 있게 됐다. 2021년 2월부터는 다시 부서를 옮겨 심판운영팀 매니저로 심판교육 및 국제파트를 담당하고 있다. 하지만 큰 경기가 있을 때는 차출돼 현장에서 활동하기도 한다. 2021년에는 여자올림픽최종예선 플레이오프, 남자올림픽대표팀 친선경기, 여자축구대표팀 친선경기 등에서 부총괄로 활약했다. 2022년에는 인도에서 열린 여자아시안컵에서는 AFC의 요청으로 차출돼 뭄바이 지역 총괄로 활동하기도 했다.

MIXED ZONE

대한축구협회는 전반적으로 매력적인

직장이다. 높은 연봉을 받을 수 있고 한국 최고의 축구선수들과도 일할 수 있다. 주변에서 보는 시선도 좋은 편이다. 대한민국 최상위 축구 단체에서 일한다는 자부심도 꽤 큰 편이다. 입사 후엔 큰 이슈가 없는 한 오랜 기간 순탄한 회사 생활을 이어갈 수 있다. 오히려 대기업보다 안정적일 수 있다.

다만 환상을 깨야 한다. 축구협회에 들어가서 한국 축구를 자신이 이끌어 갈 것이라고 생각하면 100% 착각이다. 축구협회도 결국 기업이자 직장이다. 자신이 하고 싶은 일보다 위에서 시키는 것들 것 할 때가 훨씬 더 많다. 꽤 수동적인 직업이다. 모든 근무가 1년 동안 진행되는 축구 일정에 맞춰 돌아간다. 그 사이에 자신이 뭔가 기획해서 제안할 수 있는 기회는 거의 없다. 생각보다는 매우 평범한 직장 생활이 될 수 있다는 의미다. 자신이 주도적으로 일하는 스타일이라면 축구협회보다는 프로축구단이 더 나을 수 있다.

축구는 승패가 있는 스포츠다. 골이라는 짜릿함도 있다. 월드컵을 떠올릴 수도 있겠다. 그런 매력 때문에 다들 축구협회에 가고 싶을 것이다. 하지만 축구협회에서 하는 일은 짜릿함이 거의 없다. 그저 업무일 뿐이다. 축구계에서의 짜릿한 경험을 원한다면 축구협회 입사는 그다지 추천하지 않는다. 매주 승패가 결정되는 축구 구단이나 야생에서 돌아다니는 에이전트가 더 짜릿하다.

입사 확률로 축구협회를 평가하자면 '비추'다. 2~3년 기다려도 고작 10명 이내를 선발하기 때문이다. 축구협회 입사만 바라보다가는 이도 저도 아닌 상황에 빠질 수 있다. 다른 일을 하면서 축구협회 입사를 노리는 게 현실적인 방법이다. 쉽게 설명하면 축구협회 입사에 나의 모든 걸 걸기에는 길이 너무 좁다. 축구와 관련된 여러 직업을 준비하면서 그중 한 가지 길로 생각하는 정도가 적당하다고 생각한다. 물론 개인적인 의견이다.

박은지 대리가 축구협회에 입사할 수 있었던 큰 이유는 축구에 대한 꾸준함 속에 빛나는 열정이 아닐까 싶다. 어느 그룹에서나 다른 사람의 이야기를 경청한 다음 자신의 생각을 조리 있게 표현하는 편이었다. 언제나 과하지 않게 자신을 드러냈다. 맡은 일은 잘하는데 유난스럽지 않았다. 꾸준함 속에서 조용히 자신의 능력을 보여준 박은지. 그게 축구협회가 원하는 인재상에 가깝다고 볼 수 있다.

memo

김환

항목	평가	점수
급여 수준	축구계에서 일하며 직원으로 가장 많은 월급을 받을 수 있는 곳	9.0
취업 난이도	몇 명 뽑지 않기 때문에 쉬운 길은 아니다	9.5
향후 전망	축구 시장이 커지면서 축구협회도 더욱 몸집이 커질 것	9.0
업무 강도	부서마다 차이가 매우 큰 편이지만 전체적으로 강도가 약한 편은 아니다	8.0
업무 만족도	퇴사하는 직원들이 많지 않다	8.5

02

한국프로축구연맹 직원

/ K리그의 성장, 발전을 위한 청사진을 그린다 /

K LEAGUE FEDERATION STAFF

업무 개요

프로축구 K리그 관련 업무 전반

급여 수준

연 3000만 원대 중반

채용 방식

결원시 공채(신입 및 경력)

요구 어학 능력

영어

유용한 제2외국어

일본어, 중국어 등

우대 경력

축구와 접목 가능한 분야

축구팬조차 대한축구협회와 한국프로축구연맹의 기능을 구분하지 못하는 경우가 허다하다. 협회는 대표팀을 비롯해 유소년, 심판 등 한국 축구 전체의 업무를 담당하는 기관이다. 연맹은 프로축구, 즉 K리그1, K리그2만 관장하는 조직이라는 차이를 확실하게 인지해야 한다.

연맹에 입사하는 방법은 크게 두 가지로 분류할 수 있다. 첫 번째는 신입 공채다. 지난 몇 년간 연맹에서는 베테랑 직원들의 줄퇴사가 이어진 가운데 젊은 직원들이 대거 신규 채용되었다. 연맹에서 10년 이상 근무한 직원은 손에 꼽을 정도로 세대 교체가 확실하게 이뤄졌다. 장단점이 있겠지만 젊은 직원들에게는 입사의 기회가 적절한 타이밍에 주어진 셈이다. 공채가 정기적으로 있는 것은 아니지만 결원에 따라 채용하는 만큼 연맹 소식에 귀를 기울이는 게 중요하다.

또 다른 방법 중 하나는 일단 축구계 다른 직종에서 일하다 경력직으로 입사하는 것이다. K리그 구단이 될 수도 있고 관련 회사가 될 수도 있다. 실제로 연맹의 적지 않은 직원들이 K리그 구단 출신이다. K리그 전반에 대한 이해도가 이미 확립되어 있고, 연맹의 기능과 업무를 어느 정도 인지하고 있는 만큼 빠르게 업무에 뛰어들 수 있다는 점에서 선호하는 인재상이다.

과거와 비교하면 연맹은 상대적으로 고학력자들을 채용하는 흐름을 보이고 있다. 적지 않은 직원이 미국이나 일본 등에서 수학했고, 영어를 기본으로 외국어에 능통하다. 예외도 있긴 하지만 기본적으로 학력을 꽤 중시하는 것만은 분명해 보인다.

축구산업아카데미를 거치는 것도 방법이 될 수 있다. 후술을 통해 자세히 소개하겠지만 축구산업아카데미 출신 인력이 K리그에 대거 유입되고 있다. 연맹도 마찬가지다. 연맹이 원하는 스펙, 능력을 갖춘 상태에서 축구산업아카데미까지 경험했다면 채용과정에서 플러스 요인이 될 수 있다. 물론 입사의 전제조건은 절대 아니다.

K리그에 대한 애정이나 구단을 향한 팬심은 플러스 요인이 될 수도, 마이너스 요인이 될 수도 있다. 마냥 프로축구를 좋아하는 것보다는 축구산업 전반에 대한 이해도, 업무 능력이 최우선이기 때문이다.

연맹에 입사하면 다양한 부서를 거칠 수 있다. 리그운영본부 소속으로는 경영기획팀, 구단지원팀, 홍보팀, 유스지원팀, 교육지원팀 중 하나에 속하게 된다. 법무팀의 경우 변호사를 채용해 맡기고 있다. 마케팅본부

© WWW.KLEAGUE.COM

아래에는 전략사업팀, 콘텐츠제작팀, 그리고 방송사업팀이 있다. 연맹은 The Sky K라는 자회사를 설립해 방송사 스카이스포츠를 운영하고 있다.

입사 후 어떤 부서에서 일하게 될지는 알 수 없다. 지망 의사를 묻긴 하겠지만 결원이 있는 부서에 우선 배치되고 향후 인사이동을 통해 여러 분야에서 일할 수도 있다. 일부 직원의 경우 한 부서에 오랜 기간 몸을 담기도 한다.

앞서 언급한 대로 지난 몇 년간 젊은 직원들이 조직의 중추가 됐기 때문에 경력이 짧은 사원급 직원들도 빠르게 자신의 영역을 담당하게 된다는 특징이 있다. 실무를 통해 일을 배우는 만큼 조직원으로서의 존재감을 드러낼 기회를 직접 만들 수 있다. 몇 년 전부터 연맹은 직급에 따른 구분을 두지 않고, 모든 직원의 호칭을 '프로'로 통일하고 있다.

KEY PLAYER

우청식

축구 외에
다른 스포츠 관련 경력도
얼마든지 의미가 있다

우청식, 그는 다양한 스포츠 관련 경력을 쌓으면서 축구 쪽에서 일할 수 있는 기회가 오기를 기다렸다. 아니 스스로 기회를 만들기 위해 다른 스포츠 관련 경력으로 경험과 지식을 쌓는 현명한 선택을 한 것이다. 한국프로축구연맹의 경우 채용공고가 정기적으로 자주 있는 것이 아니어서 준비된 사람에게만 문이 열린다고 볼 수 있다. 평범하고 진부한 표현일 수도 있지만, 사실이 그렇다. 그가 공유하는 경험이 크고 작은 도움이 될 것이다.

adidas

우청식 프로는 1989년생으로 미국 노스웨스턴 오클라호마 주립대학교에서 경영학을 전공했다. 다른 직원들과 유사하게 우 프로도 스포츠 분야에서 다양한 경험을 쌓은 후 연맹에 입사했다. 우 프로는 2015년 발달장애인의 체육 활동을 돕는 스페셜올림픽코리아에 입사해 국제협력 업무를 담당하며 본격적으로 스포츠계에서 일하기 시작했다. 이후 평창동계올림픽, 패럴림픽조직위원회에 들어가 2016년부터 2019년 1월까지 개최도시 협력 업무를 맡았다. 2019년 1월 연맹에 입사해 홍보팀원으로 일하고 있다. 기자들을 상대하는 피곤한 일상 속에서도 친절하고 성실한 자세를 벗어나지 않아 신망이 두터운 직원으로 유명하다.

TIP 1 스포츠 관련 경력은 무조건 플러스

우리나라에서 스포츠는 특수 분야에 속한다. 스포츠산업이라는 개념 자체가 아직 생소하게 면밀하게 정립되어 있지 않다. 그 중에서 프로축구는 더 그렇다. 대표팀 축구는 최고의 인기 스포츠이지만 프로축구는 여전히 대중 사이에서 비주류에 속한다. FC서울이나 수원삼성, 전북현대, 울산현대, 포항스틸러스처럼 역사와 규모가 있는 빅클럽들은 일반인 사이에서도 인지도가 제법 있지만 규모가 작은 클럽이나 시도민구단은 존재 자체를 모르는 대중이 대다수다. 당연히 프로축구에 대한 개념이 없는 사람이 뛰어들기는 어려운 분야다.

그래서 중요한 게 스포츠 관련 경력이다. 스포츠마다 특성이 다르기는 하지만 스포츠단체는 하는 일이나 특성, 패턴 등에 공통점이 있기 마련이다. 우 프로 역시 스포츠 관련 두 조직에서 4년 정도를 일했다. 1~2년 정도면 너무 짧은 경력이나 인정받기 어렵지만 4년이면 경력을 인정하기엔 충분한 기간이다. 게다가 평창올림픽은 국가 행사로 꼽히는 대형 국제 스포츠 이벤트인만큼 이력서에서 튀기 좋은 경력이다. 우 프로는 "연맹 지원 과정에서 축구에 대한 열정과 두 기관에서 쌓은 경력을 위주로 자기소개서를 작성한 게 효과를 봤다"라는 팁 하나를 꺼냈다.

우 프로뿐 아니라 적지 않은 연맹 직원이 경력직으로 입사했다. K리그 구단 인력이 가장 많고 게임회사나 홍보대행사 등을 거쳐 입사한 케이스도 더러 있다. 연맹과 비슷한 성격의 분야라면 인사 과정에서 높은 점수를 받을 수 있다. 신입 채용을 마냥 기다리기 어렵다면 일단 스포츠 분야에 취업한 후 경력을 쌓고 추후 채용 시기를 노리는 것도 방법이 될 수 있다.

TIP 2　우연한 취업은 없다

대다수의 축구 관련 종사자가 그렇듯 우 프로도 어려서부터 스포츠를 좋아했다. 마침 스포츠의 천국 미국에서 공부를 한 덕분에 졸업 후 스포츠 산업으로 진로를 정해 취업을 준비했다. 처음부터 연맹 입사를 노린 것은 아니지만 자신이 원하는 방향을 정확하게 인지하고 일관성 있는 길을 밟았다.

스포츠를 향한 애정이 있기에 가능한 과정이었다. 우 프로는 "어려서부터 아버지를 따라 축구, 야구, 농구 등 스포츠 경기장을 자주 갔다. 자연스럽게 스포츠를 좋아하게 됐고, 미국에서 프로스포츠를 보며 그 마음이 더 커졌다. 특히 축구를 좋아해 축구산업에 종사하고 싶은 마음이 있었다. 올림픽 종료 후 재취업을 준비하는 시기에 연맹 채용공고를 확인해 망설임 없이 지원했다. 사실 그땐 연맹에 대한 개념도 명확하지 않았다. 오직 축구계에서 일해보고 싶다는 마음 하나로 지원했다"라고 말했다. 연맹의 경우 채용공고가 정기적으로 나는 것은 아니기 때문에 경력직이든, 신입이든 준비된 사람에게 취업의 문이 열린다고 볼 수 있다.

TIP 3 신입이라면 구단 명예기자, 축구산업아카데미를 추천

경력직의 경우 경력이라는 뚜렷한 장점을 내세울 수 있지만 신입은 아예 제로베이스에서 시작해야 한다는 점에서 막막하기도 하다. 학력이나 스펙 정도가 아니라면 무언가를 특별한 무기로 삼기 어렵기 때문이다.

비슷한 맥락이긴 하지만 신입 입사를 노리는 이에게도 경험과 경력이 중요하다. 월급을 받으며 일하는 경력은 아니어도 된다. 대표적인 경력이 구단 명예기자다. K리그에서는 적지 않은 팀들이 명예기자 제도를 운영하고 있다. 정식 직원은 아니지만 K리그라는 상품을 대상으로 기사를 작성하고, 콘텐츠를 제작한 경험이 있기 때문에 즉시전력감으로 활용이 가능하다. 실제로 이 과정을 거쳐 채용된 사례도 있다.

축구산업아카데미도 도움이 된다. 연맹은 지난 2013년부터 축구산업아카데미 사업을 진행하고 있다. 어느새 10년 차에 접어들었다. 축구산업아카데미는 K리그 발전을 위해 전문 행정가를 직접 양성하겠다는 연맹의

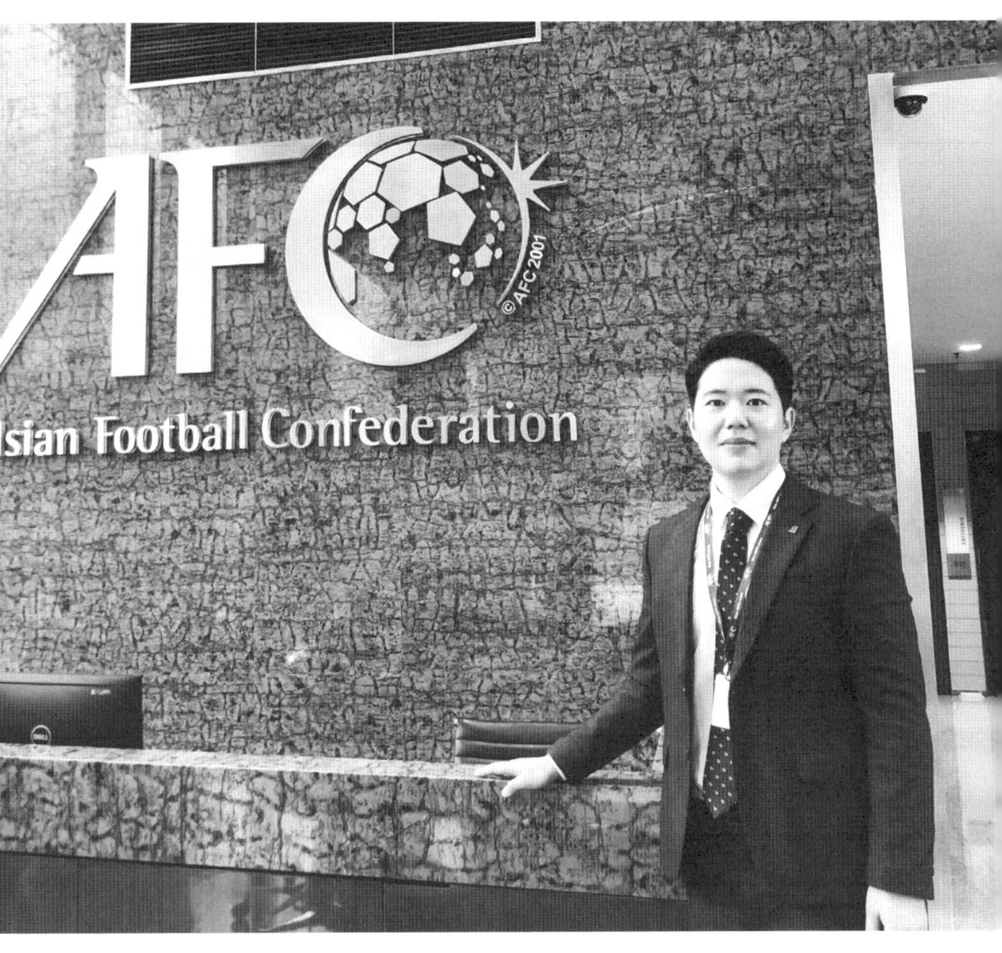

의지 속 출범했다. 2022년까지 총 17기까지 진행됐고, 568명의 수료생을 배출했다. 약 30%에 가까운 인원이 연맹이나 K리그 구단 등에 입사했다. 기자로 활동하는 인원도 있다. 1기 출신 직원들은 팀장급에 오를 정도로 오랜 기간 명맥을 유지하고 있다. 말 그대로 K리그 인재의 등용문인 셈이다. 축구산업아카데미는 축구계 다양한 인사의 강의를 듣는 데 그치지 않고 수강생 간의 토론, 현장 학습, 프로젝트 참여 등도 진행한다. 축구산업아카데미를 수강하기 위해 치열한 경쟁률을 뚫어야 할 정도로 인기가 많다. 취업을 보장하는 것은 아니지만 확실한 메리트가 있어 수강을 희망하는 이들이 끊이지 않고 있다. 연맹에도 축구산업아카데미를 거쳐 입사한 직원이 일부 존재한다.

최근에는 뉴미디어와 관련된 경력이 있는 젊은 직원도 선호하는 추세다. 실제로 최근에는 적지 않은 구독자를 거느리던 선수 출신 유튜버가 인턴 직원으로 일하기도 했다. 연맹도 점점 트렌드에 민감한 조직으로 변하고 있어 축구 관련 뉴미디어를 운영해본 것도 긍정적인 경력으로 인정받을 수 있다.

TIP 4 홍보팀은 무슨 일을 하는지 알고 있어야

우청식 프로가 속한 홍보팀은 기사화될 만한 보도자료를 작성하고 기자를 응대하는 등의 업무를 기본으로 한다. 기관이나 조직의 특성, 혹은 대표자의 스타일에 따라 다르기는 하지만 연맹도 기사에 예민하게 반응한다. 부정적인 이미지를 심어줄 수 있는 기사에는 직접 해명, 혹은 적절히 대응하는 것이 홍보팀 직원의 업무다. 어려운 일은 주로 팀장이 담당하기는 하지만 팀원도 업무를 분담해야 한다.

기본적으로 연맹 직원은 다른 직장인과 마찬가지로 오전에 출근해 오후에 퇴근하는 일과 근무를 한다. 다만 홍보팀 특성상 업무 시간 외에도 항시 언론대응이 필요하다. 예를 들어 퇴근 후 특정 기사가 나왔는데 이에 대한 대응이 필요하다면 일을 해야 한다. 나쁘게 말하면 24시간 일에 신경 써야 하는 부서라고 볼 수 있다. 시즌 중에는 간혹 미디어 활동이 잘 이루어지고 있는지 확인하기 위해 주말에도 경기장을 방문하기도 한다. 수많은 언론 매체와의 스킨십을 위해 잦은 회식 자리도 불가피하다.

이로 인해 홍보팀은 직원 사이에서 호불호가 가장 엇갈리는 부서다. 적성에 맞지 않으면 육체, 정신적으로 스트레스를 크게 받는다. 그래서 홍보 분야는 '특수직'으로 불리기도 한다. 기자들과의 관계도 중요하기 때문에 연맹뿐 아니라 구단도 홍보 담당자는 쉽게 바꾸지 않는 경향이 있다. 우 프로는 "개인적인 만족도는 높다. 홍보팀 특성상 일희일비해야 하는 일이 많기는 하지만 좋은 기사가 나오고 K리그의 브랜드 가치가 상승하는 느낌을 받을 때 특히 보람을 느낀다"라고 말했다.

MIXED ZONE

한국프로축구연맹은

프로축구산업의 정점에 있는 조직이다. K리그 23팀과 대행사, 중계방송사, 그리고 팬까지 아우르는 광범위한 업무를 담당한다.

다만 업무에 비해 조직의 규모는 작은 편이다. 직원이 겨우 30여 명에 불과한데 이들이 모든 일을 커버해야 한다. 당연히 직원 한 명, 한 명에게 업무가 과중될 수밖에 없는 구조다. 과거와 비교하면 직원 수는 확실히 늘어났지만 채용 규모는 더 많이 늘어나야 한다는 게 관계자들의 공통의견이다.

연맹 직원은 잘해야 본전이라는 소리를 듣는다. K리그 전체의 민원을 받는 게 불가피하고 그 과정에서 갈등과 싸움을 중재해야 하는 역할도 담당한다. 각 구단마다 이해관계가 있고 때로는 감정 싸움을 하기도 한다. 특히 구단지원팀, 유스지원팀이 여기에 해당한다. 유스지원팀의 경우 지도자와 선수, 심지어 학부모의 항의까지 받는 경우가 허다하다.

나름 장점도 있다. 개인의 의견을 실무에 반영해 주도적으로 일을 진행할 수 있다는 점이다. 연맹이 시도하는 다양한 일들을 젊은 직원들이 담당하고 있다. 프로축구는 출범 40주년을 앞두고 있지만 산업적인 측면에서 보면 여전히 걸음마 단계에 있다.

변화를 주는 것도, 새로운 업무를 시도하는 것도 충분히 가능하며 신선한 시도는 좋은 평가를 받고 보람도 크게 느낄 수 있다.

구단과의 가장 큰 차이점은 성적에 대한 부담, 스트레스가 없다는 사실이다. 구단의 경우 자신의 업무와 관계없이 팀 성적에 회사 분위기가 크게 달라진다. 특히 강등이라는 공포스러운 결말을 피하고 싶은 1부리그 팀들은 더 그렇다. 반면 연맹은 성적의 영향을 받지 않고 업무에만 집중할 수 있다는 장점이 있다. 어찌 보면 '로망'이라고 할 수도 있는 축구 스타와의 접점이 생길 가능성은 적어도 온전히 프로축구 산업에 집중할 수 있다는 점에서 매력이 넘치는 직장이다.

memo

정다워

한국프로축구연맹직원

항목	평가	점수
급여 수준	★★★★★★★☆☆☆ 대기업 정도는 아니지만 크게 나쁘지 않은 수준	7.0
취업 난이도	★★★★★★★★½☆ 언제 채용할지 모르는 게 최대 난제	8.5
향후 전망	★★★★★★★☆☆☆ 망할 일 없는 조직	7.0
업무 강도	★★★★★★★★☆☆ 부서에 따라 다르기는 하지만 대체로 빡세다	8.0
업무 만족도	★★★★★★★☆☆☆ 개인 차가 너무 크다	7.0

03

K리그 클럽 직원

/ 우승과 승격을 위해 땀 흘리는 또다른 스쿼드 /

K LEAGUE CLUB STAFF

업무 개요

K리그 구단 전반 업무

급여 수준

연 2000만원대 중반에서 3000만원 후반
(신입사원 기준, 구단별로 차이 큼)

채용 방식

결원시 공채(신입 및 경력)

우대전공

스포츠경영, 언론 등

요구 어학 능력

영어

유용한 제2외국어

일본어, 중국어, 포르투갈어 등

우대 경력

스포츠 관련 업무

2022년 현재 K리그에는 총 23개 팀이 존재한다. 1부리그인 K리그1에 12팀, 2부리그인 K리그2에 11팀이 있다. 가능성으로 보면 구단에 취업할 수 있는 확률이 가장 높다고 볼 수 있다. 매년 채용의 기회가 있는 것은 아니지만 한 해 평균 수십 명이 축구단에 입사한다. 물론 한 구단, 한 구단 신규 입사자의 수는 적다고 볼 수 있지만, 그래도 대한축구협회와 한국프로축구연맹에 들어갈 가능성보다는 K리그 구단에 입사하는 문이 확실히 더 넓다.

같은 K리그 안에 있어도 구단마다 사정은 천지 차이다. 취업을 위해 준비해야 할 것도, 난이도도 모두 다르다. 물론 공통점은 있다. 명예기자 출신이나 경력자, 지역 출신을 우대하는 등의 분위기는 유사하다.

구단 입사의 가장 큰 어려움은 연고지역에 거주해야 한다는 점이다. 지역 출신이라면 문제가 없지만 많은 취업 준비생이 수도권에 거주하는 것을 고려하면 감당하기 결코 쉽지 않은 난제가 될 수도 있다. 당장 부담스러운 체류비를 오롯이 홀로 부담해야 하는 현실의 벽에 부딪힐 수 있다. K리그 구단 직원의 초봉이 그리 높지 않은 만큼 생각해봐야 할 문제다.

기업구단과 시도민구단의 환경도 크게 다르다. 기업구단은 비교적 안정적이고 초봉도 높다. 일부 구단의 경우 보너스를 연봉만큼 받기도 한다. 반면 시도민구단은 지자체장의 당적이 바뀌면 구단 고위 관계자가 교체되는 변수에 직면한다. 간혹 구단에 관심이 없는 구단주를 만나면 임금 체불이라는 극한의 상황에 놓이기도 한다.

성적의 영향도 크게 받는다. 우승을 하느냐 못 하느냐, 강등을 당하느

냐 생존하느냐, 승격을 하느냐 실패하느냐 등에 따라 구단의 방향성이 순식간에 달라지기도 한다.

구단에서 일하면 상대적 박탈감을 느낄 때도 있다. K리그는 사실상 선수단에 지출을 '올인'하는 분위기다. 선수들은 수억 원의 연봉을 수령하기도 하지만 구단 직원의 처우는 여전히 열악하기만 하다. 이로 인해 흔히 말하는 '현타'를 느끼며 사직서를 작성하는 젊은 직원들도 많다.

지난 몇 년 사이 연맹과 마찬가지로 축구산업아카데미 출신들이 각 구단에 전방위적으로 취업에 성공했다. 젊은 직원들이 대거 유입되면서 K리그 구단들도 트렌드에 뒤지지 않는 감각을 갖춰가고 있다는 점은 취업 준비생들에게 나쁘지 않은 분위기다.

KEY PLAYER

김윤철 / 전북 이상민 / 인천 백지연 / 대전

구단은 달라도 프런트가 되기 위한 준비와 입사 후 실무를 위한 노력은 비슷하다

전북현대의 김윤철 매니저, 인천유나이티드의 이상민 사원, 대전하나시티즌의 백지연 사원, 세 사람은 K리그 구단 직원으로 일하고 있는 젊은 인재들이다. 분야와 업무는 다르지만 모두 기본적으로 다양한 스포츠 관련 경력을 쌓았고, 스포츠에 대해 꾸준히 공부했다는 공통점이 있다. 그들은 '멀티플레이어' 역할을 감당할 몸과 마음의 준비가 되어 있어야 K리그 구단 직원으로 일할 수 있다고 말한다.

IUFC

앞서 소개한 대로 K리그 안에는 다양한 성격의 팀이 존재한다. 매해 우승에 도전하는 전북현대는 지출 규모가 가장 크고 스타 플레이어도 가장 많은 팀이다. 김윤철 매니저는 현재 전북 홍보팀에서 일하고 있다. 대표 시도민구단으로 '잔류왕'이라 불리며 1부리그에서 떨어지지 않는 인천유나이티드도 꽤 인지도가 있는 팀이다. 이상민 사원은 인천 전력강화팀 소속이다. 2부리그 소속이지만 기업구단 전환 후 승격을 노리는 대전하나시티즌은 발전 가능성이 높은 클럽이다. 백지연 사원은 2021년 입사해 홍보팀을 거쳐 유스지원팀에서 일하고 있다. 이상 세 팀에 속한 젊은 직원들을 통해 K리그 구단에 입사하는 법, 그리고 어떻게 살아가는지에 대한 이야기를 풀어보려 한다.

TIP 1 빅클럽은 영어가 절대적

김윤철 매니저는 2014년 호주 멜버른에 위치한 모나시대학 영어국제언어학과를 졸업한 후 한국으로 건너와 취업을 준비했다. 2015년 인턴으로 전북에 입사하기 전 MBC스포츠플러스에서 FD 일을 했다. 이후 피파스포츠에 3개월간 몸을 담기도 했다. 우여곡절이 많았다. 한화 이글스 통역으로 지원했는데 탈락했고, 서울 이랜드에 넣은 원서마저 외면 받았다. 극적으로 전북에 넣은 원서가 합격해 인턴을 거쳐 정직원이 된 케이스다. 영어를 원어민 수준으로 구사하고 짧지만 스포츠 분야에서 여러 경험을 한 게 취업에 도움이 됐다.

전북은 매해 아시아축구연맹(AFC) 챔피언스리그에 나가는 팀이다. 해외 구단 관계자는 물론이고 AFC 직원, 심판까지 응대할 일이 많다. 영어는 필수다. 국제 업무를 위해서는 어설픈 영어가 아니라 완벽에 가까운 영어를 구사해야 한다. 실제로 김윤철 매니저는 홍보 업무뿐 아니라 구단 통역 일까지 겸하기도 한다. 김윤철 매니저는 "저뿐 아니라 젊은 직원들은 대다수가 영어를 기본으로 한다. 중국어, 일본어를 하는 직원도 있다. 챔피언스리그에서는 아시아의 여러 팀을 상대하기 때문에 어학 능력이 중요하다"라고 설명했다.

전북뿐 아니라 AFC 챔피언스리그에 자주 나가는 팀에 입사를 원한다면 일단 기본적으로 영어 실력을 갖출 필요가 있다. 단순히 토익 점수를 잘 받는 게 아니라 영어 회화를 자연스럽고 우수하게 구사해야 업무에 무리가 없다. 제2외국어를 구사하면 플러스 요인이 된다.

김윤철 매니저는 서울 출신이라 전주에 집을 구해 살고 있다. 중도에 이직하지 않는 이상 앞으로도 전주시민으로 살아갈 가능성이 크다. 축구단 직원이 되려면 거주지 주소를 바꾸는 각오 정도는 해야 한다.

TIP 2 명예기자에서 직원으로

이상민 사원은 말 그대로 '인천맨'이다. 2004년 창단 때부터 팬이었고, 스무 살이었던 2010년부터 인천 명예기자로 일했다. 인천은 일찌감치 명예기자 제도를 도입해 적극적으로 활용했는데 이상민 사원은 그 중에서도 가장 왕성하게 활동한 핵심이었다. 그는 명예기자 일을 무려 7년이나 수행한 끝에 2016년 구단으로 정식 입사했다. 때마침 구단이 인력을 보충하던 시기라 인턴으로 홍보팀에 입사한 케이스다. 지역 출신에 명예기자 경력이 취업에 결정적인 역할을 했다고 볼 수 있다.

이상민 사원은 "절대 구단 직원이 되기 위해 명예기자를 한 것은 아니다. 노골적으로 구단에 입사하고 싶다는 말을 한 적도 없다. 인천이라는 팀이 좋아서 그저 즐겁게 활동하다가 자연스레 직원이 됐다"라고 말했다.

명예기자 출신은 구단의 생태계와 업무 패턴을 어느 정도 숙지하고 있다. 구단 홍보 담당자와도 친분이 있기 때문에 구단의 현실도 내부인 수준으로 잘 파악하게 된다. 이상민 사원은 "명예기자단 활동을 하면서 직간접적으로 구단 사무국이 어떻게 구성되어 있는지, 어떤 일을 어떻게 하는지 등 전반적인 부분을 어깨너머로 봤다. 당연히 환상도 없었고 현실을 잘 알고 뛰어들었다. 그래서 오히려 더 실망하는 일이 없었던 것 같다"라는 자신의 이야기를 들려줬다.

TIP 3 대학원 진학도 플러스 요인

백지연 사원은 서울대 글로벌스포츠매니지먼트 석사를 마친 후 취업 준비를 했고, KBO, 스포츠대행사 등에 지원하는 등 스포츠 산업에 뛰어들기 위해 적극적으로 움직인 끝에 대전에 입사했다. 다른 사례에 비하면 경력은 부족한 편이지만 스펙과 대전 출신이라는 장점으로 취업에 성공했다고 볼 수 있다. K리그에는 영국에서 스포츠산업을 공부한 관계자들이 더러 있다. 해외 유학까지는 아니더라도 대학원에서 스포츠 관련 공부를 했다면 어느 정도 점수를 확보할 수는 있다.

백지연 사원은 "무조건 축구단에 입사해야겠다는 생각은 아니었다. 다만 축구는 워낙 인기 종목이고 생활체육부터 엘리트까지 환경도 잘 갖춰져 있는 편이라 많은 사람에게 사랑받는 종목이라는 점이 좋았다"라며 "대학원에서 이론을 배우는 것뿐 아니라 현직 종사자를 만나 실무 관련 이야기를 듣기도 했다. 영어 성적(토익, 토익스피킹)과 가지고 있는 것들을 원하는 곳과 직무에 맞게 극대화시키는 데 집중했다"라고 말했다.

TIP 4 구단 직원은 모두 무조건 멀티플레이어

팬들이 들으면 깜짝 놀라겠지만, 전북 같은 빅클럽도 직원이 20여 명에 불과하다. 규모가 가장 큰 편에 속하는 FC서울도 40명 정도다. 인천, 대전은 말할 것도 없다. K리그 팀은 1년간 굴리는 예산이나 업무의 양, 강도에 비해 직원 수가 현저히 적은 편이다.

그래서 직원은 멀티플레이어가 되어야 한다. 홍보팀의 경우 대행사에 모든 일을 맡기는 게 아니라면 포토샵이나 영상 편집 프로그램 등도 다룰 줄 알아야 한다. 지방 구단은 직원이 기자들을 역에 수송하는 역할까지 맡아야 해 운전면허는 필수다. 다재다능함을 갖춘다면 채용 과정에서 높은 점수를 받을 가능성이 크다.

김윤철 매니저는 "선수단 규모를 보면 굉장히 큰 조직 같지만 실상은 모든 직원이 전선에서 몸으로 때우는 경우가 많다"라는 현실을 이야기했다.

부서 이동도 잦은 편이다. 이상민 사원은 홍보팀에서 3년간 일하다

2019년부터는 전력강화팀 소속으로 일하고 있다. 언제 인사이동이 있을지 모르는 만큼 다양한 업무를 수행할 수 있어야 한다. 백지연 사원은 1년 사이 홍보팀과 유스지원팀, 두 개의 부서를 경험했다.

스스로 부서를 선택하지 못하는 만큼 다양한 부서에서 일할 마음의 준비를 할 수 있어야 한다.

TIP 5 남들 일할 때 쉬고, 남들 쉴 때 일하고

K리그 구단 직원은 일반 직장인과 다른 패턴의 삶을 살아야 한다. K리그 경기는 주로 주말에 열리기 때문이다. 홈 경기에는 모든 직원이 총출동해 업무를 분담한다. 주중 저녁 경기가 있을 때에도 야근은 피할 수 없다. 기본적으로 남들이 쉴 때 일하는 시간이 많다. 그렇다고 휴식이 100% 보장되는 것은 아니다. 휴가도 마음대로 쓸 수 없다. 시즌 중에는 장기간 자리를 비우는 게 부담스럽다. 눈치가 보일 뿐 아니라 실제 업무에도 차질이 생길 여지가 있다. 그래서 축구단 직원은 대부분 시즌이 끝난 후 장기 휴가를 간다. 결혼도 이때 몰아서 한다. 축구단 직원들에게 12월은 결혼의 달이다. 김윤철 매니저는 "사실상 주 5일 근무를 꿈꾸기는 어려운 것 같다. 주말엔 기본적으로 홈 경기를 포함해 원정경기까지 다닌다. 그렇다고 일하는 만큼 모두 쉴 수 있는 것도 아니다. 확실히 체력소모가 많다. 어느 정도는 희생 정신도 있어야 한다"라고 말했다. 이상민 사원도 "평일에는 구단에서 보통 직장인처럼 근무하는데 주말에는 현장에서 다른 일까지 해야 한다"라고 덧붙였다.

TIP 6 팀 성적에 울고 웃고

구단 직원의 가장 큰 고충은 성적에 따라 업무의 분위기나 직장의 공기가 크게 달라진다는 점이다. 자신의 일을 아무리 성실하고 훌륭하게 소화해도 팀 성적이 나쁘면 티를 내기도, 자랑하기도 어렵다. 어차피 구단은 성적 중심으로 운영되기 때문에 경기와 관계없는 사무국 직원들도 한 경기 한 경기 결과에 일희일비할 수밖에 없다.

전북의 경우 매해 말에 우승 보너스를 받는다. 웬만하면 한 개 대회 정도는 우승을 하기 때문에 몇 달치 월급에 준하는 거액을 수령한다. 다른 구단과 확실하게 차이가 나는 부분이다. 당연히 구단 직원들은 우승 여부에 촉각을 기울일 수밖에 없다. 보너스를 받는 게 구단에 재직하는 가장 큰 이유는 아니지만 어떤 직장인이라도 금전적인 부분을 고려하지 않을 수는 없다.

매해 강등 위기에 놓이면서도 결국 잔류하는 인천 직원들은 가슴을 졸인다. 대전도 계속 승격에 어려움을 겪어 시즌 막판이 되면 직원들이 예민해지는 경험을 한다. 스스로 어찌할 수 없는 성적이라는 변수가 직장 생활에 엄청난 영향을 미치는 것은 분명 작지 않은 고충이다.

TIP 7 시도민구단, 정치권 영향 불가피 알고 있어야

일반적으로 기업구단은 이직률이 낮다. 20~30년간 자리를 지키는 베테랑이 많은 편이다. 반면 시도민구단은 이직률이 높다. 기자로서 현장을 방문하면 못 보던 새 얼굴을 마주하는 일이 흔할 정도다.

시도민구단은 상대적으로 열악하다. 무엇보다 정치권의 영향을 크게 받는다는 단점이 있다. 예를 들어 지방선거 결과에 따라 구단주의 당적이 바뀌면 축구단은 요동친다. 당장 대표이사나 단장 등 고위 관계자부터 교체된다. 흔히 말하는 낙하산 인사를 통해 축구를 전혀 모르는, 축구와 전혀 관계가 없는 인사를 단행하기도 한다. 축구단에 관심이 없는 구단주가 등장하면 예산이 크게 줄어들거나 심지어 임금 체불이 일어날 때도 있다. 시도민구단의 한계이자 과제다.

이상민 사원은 "아무래도 예산 문제가 가장 열악하다고 본다. 시민구단으로서 예산이 풍족하지 못하다 보니 제한적 요소가 적지 않다. 이런 환경적인 부분이 조금만 개선된다면 팀이 더 좋아질 수 있다고 생각한다"라고 말했다.

TIP 8 이제 금녀의 벽은 없다

불과 몇 년 전까지만 해도 K리그 구단에서 여직원은 쉽게 볼 수 없었다. 그러나 시간이 흐르면서 최근에는 각 구단이 여직원을 필요로 하고 적극적으로 채용하고 있다. 여성의 감수성을 필요로 하는 영역도 존재하는 만큼 여직원 채용을 주저하지 않는 분위기로 확실하게 변화했다. 여직원을 어색한 눈빛으로 보던 시선도 사라졌다.

백지연 사원은 "첫 직장인데 여성으로서 큰 어려움은 없는 것 같다. 모두 남자선수들이다 보니 라커룸에 갈 때 조심스럽다는 점만 마음에 걸릴

뿐이다. 업무에서도, 구단 분위기에서도 여자라서 다른 점은 없다"라고 말했다.

여직원이라고 해서 더 나은 대우나 대접을 받을 것이라는 기대도 하지 않는다. 대전을 비롯해 적지 않은 팀들이 가장 어렵다는 홍보팀에 여직원을 배치하는 경우가 많다. 남자와는 또 다른 시각이 장점으로 업무에 도움이 된다는 의중에서다. 과거 축구단과 비교하면 남자와 여자의 경계는 확실히 희미해지고 있다.

MIXED ZONE

연맹이 K리그의 정점이라면, 구단은 정수다. 구단이야말로 프로축구의 진정한 가치와 감동, 희열을 느끼게 하는 조직이다. 구단은 사무국과 선수단 두 개의 바퀴로 굴러간다. 축구는 선수가 하고, 지도는 감독과 코치가 한다. 그들이 뛰는 판을 만드는 것은 전적으로 구단 직원들의 몫이다. 경기장을 가꾸고 유니폼을 제작하며, A보드와 관중석을 채우는 일은 사무국에서 한다. 바퀴 하나가 제대로 작동하지 않으면 구단은 정상적인 기능을 할 수 없다. 선수단이 하는 경기만큼 사무국의 업무도 중요하다.

필자(정다워)가 기자 일을 시작한 2012년만 해도 구단마다 업무 완성도에 큰 차이가 났다. 잘 되는 팀과 안 되는 팀의 격차가 하늘과 땅 차이였다. 하지만 지난 몇 년간 젊은 직원들이 크게 늘어나면서 K리그는 과거에 비해 세련되고 긍정적인 이미지로 변모하고 있다. 악조건 속에서도 '로망'을 갖고 축구계에 뛰어든 인재들 덕분이다.

축구계의 다른 직종도 비슷하지만, 축구단 취업을 꿈꾸는 이들에게 가장 하고 싶은 말이 환상을 버리라는 것이다. 축구단에 들어간다고 스타 플레이어와 막역한 사이가 되는 것은 아니다. 친해질 수도 있지만 업무에 따라 얼굴을 가까이서 구경도 못할 수도 있다. 일반 대기업을 다니는 친구들에 비해 연봉도 짜다. 금전적인 것을 어느 정도

는 포기해야 한다.

그럼에도 뛰어들겠다면 과감하게 도전하라는 조언을 하고 싶다. 이상민 사원은 "평상시 후배들에게도 우리는 선택 받은 자들이라고, 자부심과 책임감을 가졌으면 좋겠다고 말하곤 한다. 대한민국 최상위 축구리그의 구성원이기 때문이다. 그러한 자부심과 책임감을 가질 수 있다는 게 구성원으로서 좋은 점"이라고 말했다.

축구단 직원은 힘들지만 보람이 큰 직업이다. 적게는 수천 명, 많게는 수만 명이 한마음으로 뭉치는 기적 같은 일을 매주 경험할 수 있기 때문이다.

memo

정다워

급여 수준	★★★★★★★☆☆☆ 구단마다 천지차이	7.0
취업 난이도	★★★★★★½☆☆☆ 취업 가능성이 상대적으로 가장 높은 분야	6.5
향후 전망	★★★★★★★☆☆☆ 일단 시작하면 여러 길이 열린다	7.0
업무 강도	★★★★★★★★☆☆ 주말 없는 삶을 각오하라	8.0
업무 만족도	★★★★★★★★☆☆ 대다수가 자부심을 갖고 일한다	8.0

04

선수 트레이너

/ 선수와 팀을 더 강하게 만드는 힘 /

ATHLETIC TRAINER

업무 개요

부상 예방과 관리 그리고 재활

급여 수준

3000만원대 중반(신입 기준)

채용 방식

결원시 채용

필수 전공

체육 또는 보건 계열

필수 자격증

국가공인 물리치료사, 대한선수트레이너 협회에서 발급한 AT 자격증

요구 어학 능력

선수들과 충분히 소통 가능한 수준의 영어

유용한 제 2외국어

포르투갈어

선수 트레이너는 축구팀 안에서 철저히 조연 역할이다. 보이지 않는 곳에서 일을 하기 때문이다. 트레이너에게 눈길이 가는 경우는 거의 없다. 그러나 축구단 내부적으로는 매우 중요한 직업이다. 트레이너가 어떻게 판단하는지에 따라 팀 순위가 바뀔 수도 있기 때문이다.

과거 축구단 트레이너라고 하면 선수들의 뭉친 근육을 풀어주는 직업 정도로 알려져 있었다. 실제로도 어느 정도는 사실이다. 지도자들 역시도 트레이너의 중요성을 간과했던 시기가 있었다. 시간이 흐르면서 트레이너의 중요성이 커졌다. 감독이 팀을 옮길 때 트레이너들까지 데리고 다니는 경우가 늘어났다는 것만 봐도 그 중요성을 알 수 있다. 예를 들어 리오넬 메시가 부상으로 3경기 결장 예정인데 트레이너의 노력 덕분에 2경기 만에 복귀를 했다고 가정해보자. 그것은 팀 성적에 결정적인 영향을 미칠 수 있다. 선수들이 좋은 트레이너를 설명할 때 "우리 구단 트레이너는 화타(과거 중국 한나라 때의 의사로 삼국지에도 등장하는 인물. 병을 잘 고치는 사람에게 붙이는 별명 중 하나)다"라는 말을 한다. 반대로 실력이 별로인 트레이너에 대해서는 "(팀 트레이너를) 못 믿어서 따로 개인적으로 재활한다"고 말한다.

K리그 팀 소속 트레이너가 되기 위해서는 규정상 대한선수트레이너협회(www.r-kata.org)에서 발급하는 선수트레이너(AT; Athletic Trainer) 자격증이나 국가공인 물리치료사 자격증이 필요하다. 물리치료사 자격증의 경우엔 관련 학과를 나와야 발급 받을 수 있기 때문에 더 특수한 경우라고 볼 수 있다. 상대적으로 조금 더 접근성이 좋은 자격증은 AT다.

AT 자격증을 따기 전에 기본적으로 갖춰야 할 요소들이 있다. 일단 대학 전공이 체육 또는 보건 계열 학과여야 한다. 2년제 대학 졸업자는 졸업 후 2년간, 3년제는 1년간 현장실습을 경험이 필요하며 4년제 졸업자는 졸업 증명이 가능하면 시험에 도전할 수 있다. 전공에 대한 조건이 충족되지 않으면 시험 응시 자체가 불가능하다. 심폐소생술(CPR)과 응급처치(First Aid) 자격도 추가로 필요하다.

현재 K리그에서 인정하는 AT 자격증은 대한선수트레이너협회에서 발급한 자격증뿐이다. 이에 프로축구연맹은 "향후에는 대한선수트레이너협회 외 타 단체 자격증을 소지하고 있더라도 K리그 구단에 취업이 가능하도록 변경할 계획이다. 학력과 경력 등까지 심사하여 능력이 충분하다고 의무위원회가 판단하면 자격 부여를 하는 방식으로 운영하려고 논의 중이다"고 밝혔다.

이처럼 선수 트레이너는 전공 선택부터 어느 정도는 준비가 되어야 도전할 수 있는 직업이다. 체육 및 보건 계열 전공을 이수하지 않은 상황에서 도전하려면 남들보다 4년은 더 공부해야 되는 셈이다. AT 자격증 과정은 일반적인 자격증 시험처럼 하루 시험 보고 합격할 수 있는 방식이 아니다. 수많은 교육 프로그램 이수와 이론시험, 실습시험, 구술시험을 모두 통과해야 한다. 선수들의 몸을 다루는 일인 만큼 트레이너가 되는 과정은 매우 까다롭다.

GOAL

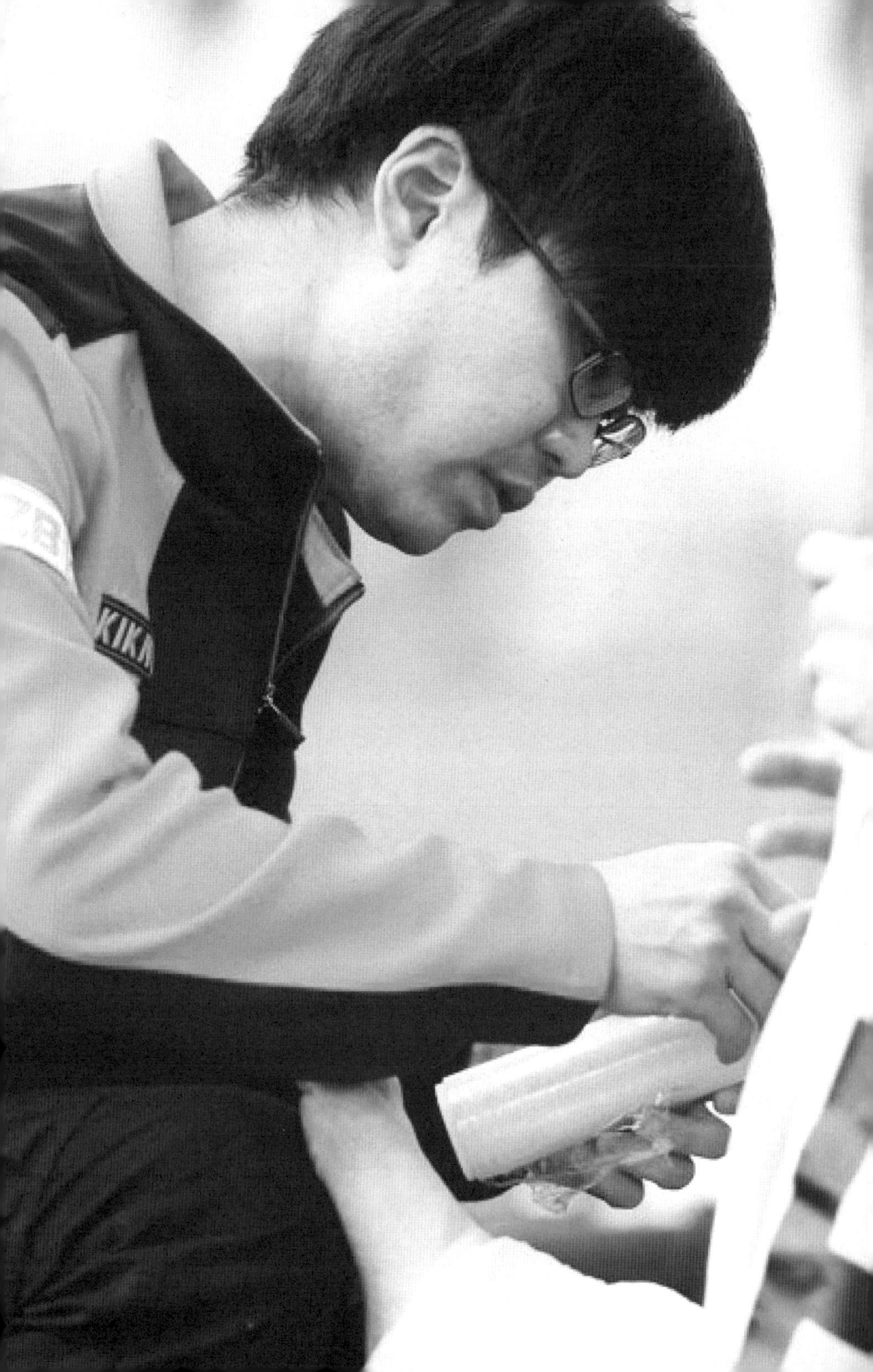

정상록

트레이너는 팀 내 어떤 인력보다 부지런해야 한다

정상록, 그는 트레이너에게 시즌, 비시즌의 구분은 무의미하다고 얘기한다. 1년 365일 내내 선수들의 몸 상태가 조금이라도 나아질 수 있도록, 그로 인해 팀이 더 강해질 수 있도록 노력하고 또 노력해야 하는 것이 트레이너의 임무다. 감독 및 코칭스태프와의 원활한 커뮤니케이션도 물론 중요하다. 또한 선수 트레이너, 피지컬 트레이너, 퍼포먼스 트레이너 세 파트의 역할 분담과 상호 존중이 잘 지켜져야 한다.

정상록 트레이너(아인스하나퍼포먼스 센터장)는 2009년부터 13년째 축구계에서 일하고 있는 베테랑이다. 국내와 해외 무대를 수없이 누볐으며 현재는 제주도 서귀포시에 위치한 재활센터의 센터장으로 선수들의 몸을 살피고 있다.

정상록 트레이너의 경력은 대한선수트레이너협회에서 모집한 세미나팀 1기에 합격하면서부터 시작된다. 트레이너 인재를 협회 내부에서 키워보자는 목표로 시작된 세미나팀은 공부와 현장실습을 동시에 진행하는 과정이었다. 이후 대한선수트레이너협회의 추천으로 연령별 축구 대표팀에 파견을 나가면서부터 축구와 인연을 맺었다. 럭비팀, 농구팀도 경험을 했으나 어쩌다 보니 축구 쪽과 인연이 더 길게 이어졌다고 한다. 이후 2009년 12월쯤 K리그 제주유나이티드로부터 연락을 받으면서 본격적인 선수 트레이너 생활을 시작했다.

2017년부터 코로나 시대 직전까지는 중국 슈퍼리그 소속 트레이너로 활약하며 해외 무대에서도 인정을 받았다. 한국 트레이너들의 실력이 뛰어나고 성실하다는 이야기를 들은 중국 구단이 직접 스카우트를 한 경우다. 이후 2021년부터는 아인스하나퍼포먼스에서 센터장으로 활동하며 선수들의 안정적인 그라운드 복귀를 돕고 있다. 정상록 트레이너를 아인스하나퍼포먼스 센터에서 만났다.

INTERVIEW

어떻게 트레이너 일을 시작하게 됐나요?

처음에는 부산 동아대학교 체육학부 태권도학과 학생이었습니다. 태권도 선수로 활동하다가 비교적 늦은 나이인 25세에 군대로 향했습니다. 상무 태권도단으로 군대를 가지 못했기 때문에 다른 진로에 대해 고민을 하던 시기였습니다. 그러다 우연히 축구대표팀 경기를 TV로 보게 됐습니다. 그때 선수들이 넘어지자 최주영 선생님이 달려 나가는 모습을 봤습니다. 헤어스타일이 특이하셔서 눈길이 갔습니다. 그때부터 선수 트레이너에 관심을 갖게 됐습니다. 전역 이후 운동처방과 관련된 동아리에서 공부를 하다가 2007년쯤 대한선수트레이너협회 세미나팀 1기를 모집한다는 공고를 확인했습니다. 운이 좋게도 12명 안에 들어 서울로 올라가게 됐습니다. 이때부터 트레이너를 꿈꾸기 시작했습니다.

어떤 과정이었나요?

대한선수트레이너협회에 상주하면서 공부도 하고 현장 학습도 하는 방식의 과정이었습니다. 협회에서 지원해주는 형식이었죠. 12명으로 시작했습니다. 그 가운데 저 포함해서 2명만 지방에서 올라온 학생이었습니다. 아무래도 트레이너 공부가 늦어서인지 서울에서 공부했던 친구들과 수준 차이를 많이 느꼈습니다. 중간에 도태되면 세미나팀에서 빠지는 서바이벌 방식이라 버티는 느낌으로 열심히 했습니다. 처음에는 단순히 외우는 방식도 해봤죠. 신림역 부근에서 자취를 했는데 협회가 있던 역삼역까지 지하철로 오가면서 해부학 책을 봤던 기억이 지금까지 납니다. 그렇게 하다 보니 8명이 남았고, 럭비, 농구, 축구팀 등에서 트레이너를 할 수 있는 기회가 주어졌습니다. 이후 20세 이하 축구 대표팀에서 일을 하게 됐습니다. 당시 수원삼성에 들어갈 기회가 있었는데 대표팀에서 계속 일해보고 싶다는 생각 때문에 거절했던 기억이 있습니다.

그러다 제주유나이티드로 가셨네요?

제주유나이티드가 대한축구협회로 전화를 했습니다. 저를 데려가고 싶다고 말이죠. 처음에는 거절했습니다. 그런데 다시 연락이 와서 제주에서 잠깐 얼굴이라도 보자고 하더군요. 그래서 일단 제주로 내려갔는데 거기서 잡혀 7년을 일했습니다. 하하. 제주 생활이 정말 재밌었고 제 인생에도 큰 도움이 됐습니다.

2016년 12월에는 중국으로 진출했습니다. 어떻게 가게 됐죠?

당시에는 제주에 중국 팀들이 훈련을 하러 자주 왔습니다. 제주와 중국 클럽들이 연습 경기를 했는데 이유는 모르겠지만 저를 좋게 봤나 봅니다. 에이전트를 통해서 중국 구단에서 일해보지 않겠냐고 연락이 왔죠. 처음 제의가 왔던 2015년에는 거절했습니다. 그런데 2016년에 다시 연락이 오더군요. 제주에 평생 있을 거라는 생각했지만 상황이 그렇지 못했습니다. 결국 2016년 겨울이 시작될 때 중국 랴오닝훙윈에 가기로 결정했습니다. 시즌 시작까지 시간이 남아서 2~3개월 정도 중국어 학원을 다니면서 준비했습니다. 선수 트레이너는 선수들과 소통하는 게 중요하니까요.

중국 가서는 어땠습니까?

첫해인 2017년에 팀 감독이 두 번 바뀌었습니다. 3명의 감독과 일을 한 것입니다. 2년차에 또 감독이 바뀌기도 했습니다. 그 사이에 제가 잘리지 않은 것도 신기하긴 합니다. 2년차엔 새로 온 감독이 피지컬 코치, 마사지사, 침술사를 모두 데려왔습니다. 그러자 제 자리가 없어졌습니다. 구단에서는 경기장에는 따라다니지 말고 팀에 남아서 재활만 하라고 하더군요. 오히려 좋았습니다. 한 가지에만 집중할 수 있었습니다. 이때 부상을 당했던 중국 선수들이 저를 높게 평가해줬습니다. 선수들이 구단과 코칭스태프에 저에 대한 이야기를 많이 한 것 같습니다. 그래서 메인 트레이너 제안을 받았습니다. 처음에는 거절을 했죠. 감독이 데려온 트레이너들과 마찰이 생기지 않을까 걱정했습니다. 하지만 다행히 그들이 이해를 해줬고, 중요한 역할을 맡게 됐습니다. 3년차가 됐을 때엔 재활, 선수 관리에 피지컬 코치 역할까지 했습니다. 저 역시도 많이 배울 수 있었죠.

베이징런허로 팀을 옮기기도 했습니다.

중국 진출 1년차에 양쉬(Yang Xu)라는 중국 국가대표팀 공격수와 함께 있었습니다. 전방 십자인대 부상을 당해 제가 재활을 담당했습니다. 양쉬가 인터뷰에서 제 이야기를 해줘서 주목을 받았습니다. 결국 양쉬가 재활에 성공해 다시 국가대표팀에 복귀를 했습니다. 그러다 보니 다른 팀 선수들이 연락을 해오더군요. 물론 제가 다른 팀 선수들의 재활을 돕는 건 말이 안 되죠. 그런데 선수들이 우리팀 감독에게 허락을 받고 저를 찾아왔습니다. 그래서 다른 팀 선수들까지 재활을 도와줬습니다. 그런 식으로 선수들이 자꾸 추천하다 보니 베이징런허 팀으로 이동하게 됐습니다. 하지만 코로나가 터지는 바람에 동계훈련만 하다가 국내로 복귀했습니다. 중국에서는 국내에서보다 훨씬 더 많은 역할이 주어졌고, 그런 환경에서 일하다 보니 저에게도 정말 큰 도움이 됐습니다.

중국 활동 당시의 수입도 궁금합니다.

중국에 가게 되면 국내에서보다 3~4배 많이 받습니다. 승리 수당도 훨씬 많기 때문에 수입 측면에서는 당연히 큰 도움이 됩니다. 지금은 중국 축구 상황이 좋지 않아 제가 있을 때와는 다를 거라고 생각됩니다.

축구계에는 다양한 스타일의 트레이너가 존재합니다.

원래는 피지컬 트레이너(일명 피지컬 코치)와 선수 트레이너(일명 재활 트레이너) 정도로 구분을 했습니다. 두 분야는 공통분모가 있긴 하지만 서로의 영역을 침범하지 않으려고 노력합니다. 선수 트레이너는 체력적인 부분을 터치하지 않고 재활에 집중한 다음 피지컬 트레이너에게 선수를 넘기는 게 일반적입니다. 그러면 피지컬 트레이너는 선수들의 체력을 끌어올리게 됩니다. 요즘에는 퍼포먼스 트레이너(퍼포먼스 코치)라는 분야가 주목을 받고 있습니다. 피지컬 트레이너의 다음 단계로도 볼 수 있는데 선수의 경기력을 최상으로 끌어올리는 트레이너를 의미합니다. 주의할 점은 선수가 조금이라도 아플 경우엔 퍼포먼스 트레이너의 훈련을 받아서는 안 됩니다. 크게 보면 이렇게 3가지로 구분할 수 있습니다. 그러나 많은 분들이 목표로 하는 직업은 아직까지도 선수 트레이너가 많습니다.

구단 소속 선수 트레이너들은 어떤 루틴으로 생활하나요?

누구보다도 부지런해야 합니다. 일단 선수들이 아침에 일어나면 산책을 합니다. 이때부터 함께 합니다. 선수들이 아침 식사를 할 때 트레이너들은 돌아다니면서 선수들 몸 상태를 체크합니다. 아침식사를 집에서 하고 오는 기혼 선수들에게는 직접 전화를 걸어 확인을 합니다. 통증이 있는 경우 그 정도를 1부터 10까지 기록합니다. 아침 식사 이후 트레이너들끼리 모여 정보를 공유하고 회의한 결과를 코칭스태프에게 전달합니다. 오전 10시 훈련이라고 가정하면 9시까지는 보고서가 나와야 합니다. 요즘은 카카오톡 등 단체 대화방을 통해 빠르게 정보 공유가 가능해져 시간이 절약됩니다. 이때 코칭스태프가 반박을 할 수 있습니다. '이 선수는 괜찮은 것 같은데 왜 오전 훈련을 빼야 된다고 생각하냐'는 등의 내용입니다. 이러한 잡음을 없애기 위해서는 코칭스태프와 선수 트레이너 간의 신뢰가 중요합니다. 이걸 1년 365일 내내 한다고 생각하면 됩니다.

경기 당일엔 어떤가요?

경기 당일에도 아침 식사 전후 루틴은 똑같습니다. 경기에 나갈 수는 있으나 몸이 조금 좋지 않은 선수들은 따로 불러서 상태를 다시 확인해보기도 합니다. 경기장에 가서는 테이핑을 준비합니다. 선수들마다 몸 상태와 특성이 다르기 때문에 각자 맞는 테이핑 법으로 도와줍니다. 경기 중에는 경기내용을 보지 않습니다. 시선은 선수들만 따라다닙니다. 어떻게 넘어지는지를 봐야 제대로 대응할 수 있기 때문에 시선을 떼지 못합니다. 2시간 내내 극도의 긴장감 속에 있기 때문에 경기가 끝나면 매우 힘이 듭니다. 홈경기의 경우 3명 정도의 트레이너가 벤치에 앉습니다. 원정 경기는 2명이 따라가고 막내 트레이너가 남아서 재활 선수를 관리하는 게 일반적입니다. 트레이너들은 이 숫자도 여전히 부족하다고 느낍니다.

팀마다 일하는 환경에 있어서 차이가 있을 텐데요.

맞습니다. 제주는 재활 장비들이 좋습니다. 운이 좋았습니다. 큰 어려움 없이 재활을 진행할 수 있었습니다. 그러나 열악한 팀에 갈수록 당연히 장비가 부족합니다. 그래서 훨씬 더 많이 알아야 합니다. 트레이너들이 일하기 어려운 팀에 가면 훨씬 더 많은 공부가 필요한 게 사실입니다.

트레이너를 꿈꾸는 사람들에게 해줄 조언이 있을까요?

이 곳은 누군가 나가야 충원을 합니다. 그래서 언제든지 준비된 자세로 기다려야 합니다. 하고 싶다고 해서 바로 취업이 되는 곳이 아니기 때문에 기회를 잘 포착해야 합니다. 축구계의 정보를 받을 수 있는 인맥이 있으면 좋을 것 같습니다. 요즘엔 감독이 트레이너들을 챙기는 경우가 많기 때문에 합이 잘 맞는 지도자를 만나는 것도 중요합니다. 그리고 축구 쪽에서 일하기 시작하면 보통 종목을 옮기는 경우가 많지 않습니다. 야구도 마찬가지입니다. 쓰는 근육이 다르고 선수들의 습성도 다르기 때문에 트레이너 역시도 종목을 바꾸는 게 쉽지 않다는 걸 인지하고 있어야 합니다. 그래서 시작부터 자신만의 종목을 정해 놓는 것도 중요합니다.

어떤 자격증을 따야 할까요?

AT는 자격증입니다. 물리치료사는 정확히 말하면 면허증입니다. 둘 다 가지고 있으면 엄청난 힘이 됩니다. AT가 상대적으로 더 접근성이 좋습니다. 물리치료사의 경우 취업이 잘되고 안정적이다 보니 대학 입학 경쟁률이 매우 높습니다. 저도 비교적 늦은 나이에 한라대학교 물리치료학과에 다니고 있습니다. 제가 지원한 전형으로는 2명을 뽑는데 제가 예비 1번이었습니다. 운이 좋게도 최종 합격한 2명 중 1명이 육지에 있는 대학교에 합격해서 제가 추가 합격을 했습니다. 저는 매우 특이한 케이스입니다. 아직 젊다면 어떻게든 AT 자격증과 물리치료사 면허증을 따는 게 유리합니다. 기회적인 측면으로 봤을 때 물리치료사 면허증을 따는 게 훨씬 어려운 게 사실입니다.

구단에서는 어떤 사람을 선호하나요?

착실해야 합니다. 안타깝게도 개인적인 생활은 많이 내려놔야 합니다. 처음에는 사생활이 거의 없다고 생각하면 됩니다. 모든 스케줄을 선수들에 맞춰야 하기 때문입니다. 그리고 일이 끝난다고 해서 끝이 아닙니다. 남는 시간에 추가 공부를 해야 합니다. 그리고 다른 파트 스태프와 함께 도와가면서 일해야 됩니다. 장비를 나르는 일에도 참여해야 하고 짐도 같이 옮겨줘야 합니다. '난 트레이너니까 재활만 할 건데'라는 마인드로는 구단에서 버티기가 쉽지 않습니다. 물론 실력이 압도적으로 훌륭하다면 재활만 해도 됩니다. 하하. 의사소통도 매우 중요합니다. 트레이너가 일하는 공간은 구단의 사랑방입니다. 모든 선수들이 왔다 갔다 하는 곳이기 때문입니다. 여기에서 많은 대화들이 오갑니다. 그런데 이 이야기가 밖으로 새어 나가지 않게 해야 합니다. 감독과 선수 사이에 오해가 없게 만드는 것도 트레이너의 역할입니다. 결국 말을 아끼는 것도 꼭 필요한 실력이라고 볼 수 있습니다.

후배를 뽑는다면 어떤 걸 볼 것 같나요?

그냥 별말 없이 재활을 시켜볼 것 같습니다. 어떤 말을 하면서 어떤 행동을 하는지 지켜보겠습니다. 트레이너가 문제에 접근하는 태도도 꼼꼼하게 볼 것입니다. 대학 시절 학점도 봅니다. 학점은 성실함을 보는 기준이기 때문입니다. 트레이너는 누구보다도 성실해야 합니다.

이 직업의 가장 큰 스트레스는 무엇인가요?

앞에서도 말했듯이 개인 생활이 너무 없습니다. 가족과 시간을 보내는 게 쉽지 않습니다. 그리고 오히려 신입 때보다 위로 올라갔을 때 더 힘듭니다. 신입 시절엔 시키는 것에만 집중하면 됩니다. 하지만 위로 올라가면 구단 사람들, 코칭 스태프들과 더 많은 이야기를 해야 합니다. 그 부분이 언제나 어렵습니다.

수입은 어떻게 되나요?

일단 모두 1년 계약직이라고 보면 됩니다. 계약할 때마다 연봉이 조금이라도 오릅니다. 저는 초봉을 2400만원으로 시작했지만 지금은 3000만원대 중반 정도에서 시작한다고 알고 있습니다. 연차가 쌓이면 억대 연봉도 가능은 하지만 그렇게 받는 트레이너들의 숫자가 많지는 않습니다. 팀 성적에 따라 수당을 받기도 합니다. 연차마다 모두 수당이 다릅니다. 어느 정도 동기부여가 됩니다. 하지만 저는 개인적으로 트레이너의 수당에 대해서는 조금 다르게 바라봅니다. 트레이너가 수당을 지나치게 중시하게 되면 선수들을 무리하게 재활해서 빠르게 복귀시키는 상황이 나올 수 있습니다. 그 점은 언제나 경계해야 됩니다.

추가적으로 필요한 게 있을까요?

영어가 기본입니다. 영어 공부를 계속 해야 합니다. AT를 공부하게 되면 책이 대부분 원서입니다. 외국 자료가 훨씬 많습니다. 논문을 보려면 영어 능력이 중요합니다. 그래야 최신 트렌드를 따라가는 데 도움이 됩니다. K리그 구단에서 일하려면 그 구단 외국인선수들이 쓰는 언어를 하는 게 좋습니다. 예전에는 브라질 선수들이 대부분이라 포르투갈어가 필요했지만 요즘엔 유럽 선수들도 많아 필수라고 말하긴 어려울 것 같습니다.

MIXED ZONE

부상은 갑작스럽게 찾아온다. 어쩔 수 없는 측면이 강하다. 그럼에도 불구하고 최대한 예방을 해야 한다. 이건 트레이너들의 몫이다. '부상 최소화'를 위해선 반드시 트레이너들이 좋은 실력을 갖추어야 한다. 이미 다쳤다면 건강하게 복귀시키는 게 중요하다. 과거 재활을 어떻게 했는지에 따라 선수 생명이 늘어나고 줄어들기 때문에 트레이너의 중요성은 더 말할 필요가 없다.

트레이너는 시간과의 싸움에서 버텨야 한다. 일명 '짬'이 높을수록 잘할 수밖에 없다. 더 많은 부상과 재활 케이스를 경험하는 게 중요하기 때문이다. 그래서 인내심이 필요하다. 단기간에 인정받고 유명해지고 싶다면 구단에 들어가는 게 아니라 개인 트레이너로 시작하는 게 낫다.

본인이 인내심이 부족하고 얽매이는 것을 싫어하는 성향이라면 이 직업이 맞지 않을 수 있다. 자신을 낮추고 최대한 선수와 코칭스태프에게 맞춰줄 성격도 필요하다. 주연을 빛나게 해주는 조연으로 살 준비가 되어 있어야 한다. 가끔 그 역할을 잊고 선수들의 개인사를 가십거리 삼아 여기저기 전하고 다니는 경우가 있는데 이러한 성향의 사람들은 이 바닥에서 오래 버티지 못할 가능성이 크다.

자격증을 따고 취업을 했다고 해서 끝이 아니다. 1982년생인 정상록 트레이너는 만 40세의 나이로 물리치료사 자격증에 도전하고 있다. 아직도 관련된 논문을 읽으면서 최신 트렌드를 따라가려고 노력한다. 수천 가지의 부상 케이스가 있기 때문에 공부에 끝이 없는 분야다. 선수 트레이너로 활동하기 위해서는 이 정도 노력에 대한 각오가 필요하다.

앞으로 트레이너의 중요성은 점점 더 커질 것이기 때문에 취업의 문이 넓어질 것이라는 전망에는 동의한다. 3년차 이내의 트레이너라면 종목간 이동도 가능하여 스포츠 전체로 본다면 기회는 많다. 실력과 자본이 갖춰졌다면 독립하여 재활센터를 차릴 수도 있어 장기적으로 도전할 만한 가치가 있다. 게다가 요즘엔 일반인들도 몸관리에 관심이 많기 때문에 어느 정도 사업성이 있다. 물론 실력이 뒷받침되어야 하는 건 기본이다.

memo

김환

04

RATINGS

선수트레이너

항목	평점	설명	점수
급여 수준	★★★★★★☆☆☆☆	직장인 수준. 해외로 진출한다면 많은 돈을 버는 것도 가능하다	6.0
취업 난이도	★★★★★★★★⯪☆	축구계로만 한정하면 자리가 정해져 있기 때문에 쉽지 않다	8.5
향후 전망	★★★★★★★★☆☆	트레이너의 중요성이 커지고 있고, 개인 센터를 차릴 수도 있어 전망은 밝다	8.0
업무 강도	★★★★★★★★★☆	가장 먼저 출근해서 가장 늦게 퇴근하는 직업	9.0
업무 만족도	★★★★★★★★☆☆	도와준 선수가 성공적으로 부상에서 복귀한다면 만족도는 매우 높을 것	8.0

05

피지컬 코치

/감독과 선수, 선수와 의무팀의 관계까지 원활히 아우른다/

PHYSICAL COACH

업무 개요

선수들의 몸 상태를 끌어올려
부상 없이 경기를 뛸 수 있게 돕는 일

급여 수준

4000만 원대 초반
(신입 기준)

채용방식

결원 시 공개 모집 및 추천 방식

요구 어학 능력

영어

유용한 제 2외국어

포르투갈어, 스페인어

피지컬 코치의 중요성은 현대 축구에서 더욱 강조되고 있다. 과거에는 경기와 훈련 전에 워밍업을 도와주는 역할에 그쳤다면 지금은 선수들의 전반적인 몸 상태를 끌어올려주면서 동시에 감독과 선수들 사이에서 가교 역할까지 하고 있다. 피지컬 코치의 판단에 따라 팀의 전체의 성적이 오르락내리락 할 수도 있을 정도로 영향력이 매우 커졌다. 그만큼 책임감이 뒤따르는 직업이 되어가고 있다.

반드시 축구선수 출신만 할 수 있는 직업은 아니다. 누구든지 도전은 가능하다. 축구선수 출신이 아닌 인물이 국내에서 지도자 자격증을 가진 감독이 되기란 정말 어려운 일이지만 피지컬 코치는 노력에 따라 충분히 가능성이 열려 있다. 물론 축구선수 출신들이 업계에 대한 전반적인 이해도가 높기 때문에 출발선이 다르다는 건 분명하다.

현재 현장에서 중책을 맡으며 활동하고 있는 피지컬 코치 대부분은 해외에서 공부를 한 케이스다. 얼마 전까지만 하더라도 국내에서는 전문적인 공부가 어려웠기 때문이다. 그래서 유럽, 남미 등으로 유학을 떠나 자격증을 취득하는 경우가 많았다.

하지만 2019년부터 국내에도 피지컬 코치 자격 코스가 생겼다. 가장 기본 자격증인 'KFA 피트니스 레벨1'에 도전하기 위해서는 'AFC C급 지도자' 자격증이 필요하다. 기본적으로 축구선수들을 지도할 줄 알아야 하기 때문에 지도자로서의 기본적인 소양이 반드시 필요하다. 선수 출신이 아니라면 KFA 지도자 D급 → AFC 지도자 C급 → KFA 피트니스 레벨 1 순서로 도전할 수 있다. 이보다 상위 자격인 'AFC 피트니스 레벨1'부터

'AFC 피트니스 레벨2'까지 올라가기 위해선 그 이전에 'AFC 지도자 B급' 취득이 필수다. 정리하면 KFA 지도자 D급 → AFC 지도자 C급 → KFA 피트니스 레벨1 → AFC 지도자 B급 → AFC 피트니스 레벨1 → AFC 피트니스 레벨2 순으로 교육을 받아야 한다.

현재 K리그 1~2부의 피지컬 코치가 되기 위해선 'AFC 피트니스 레벨1'을 가지고 있어야 한다. 2027년부터는 'AFC 피트니스 레벨2'까지 자격 기준을 올린다는 계획을 가지고 있다. 유소년 레벨에서는 'KFA 피트니스 레벨1'을 가지고 있어도 무방하다.

자격증을 따기 위해 반드시 체육 관련 학과를 나와야 되는 건 아니다. 하지만 모든 피지컬 코치 자격 코스에는 운동 생리학 등 대학에서 기본적으로 배워야하는 내용들이 포함돼 있다. 기초 학문을 배우고 오지 못하면 코스를 통과하지 못할 확률이 높다. 간혹 체육 관련 학과를 나오지 않고도 독학으로 공부한 다음 자격증에 도전하는 사람들도 있으나 극히 드물다.

자격증은 취업할 수 있는 증명서에 불과하다는 게 업계 관계자들의 설명이다. 자격증이 있어도 관련 경험과 지식 그리고 실력이 없으면 프로 무대에서 살아남을 수 없다. 감독이나 필드 코치들과 마찬가지로 결과물로 보여줄 수밖에 없는 직업이기 때문에 굉장히 냉정한 평가를 받게 된다. 특히 피지컬 코치의 영향력이 커지면서 실패의 책임을 떠안는 상황도 발생할 수 있다는 걸 명심해야 한다.

최근에는 피지컬 코치들이 모여 '대한축구피지컬코치협회'를 만들었다. 대표팀, 클럽팀 레벨에서 활동하고 있는 피지컬 코치 대부분이 이사진으로 등록돼 있다. 정기적으로 해외 유명 피지컬 코치를 초빙하는 세미나를 진행한다. 대한축구피지컬코치협회(www.kfpf.kr)나 대한축구협회 아카데미 사이드(www.kfaedu.com)를 통해 피지컬 코치에 대한 많은 정보를 확인할 수 있다.

피지컬 코치의 끝판왕은 월드컵이다. 선수들이 월드컵을 경험해보고 싶은 것과 비슷한 이치다. 이재홍 피지컬 코치는 웬만한 대회를 모두 경험한 베테랑이다. 월드컵뿐 아니라 모든 연령대의 대표팀을 경험했다. 이밖에 K리그와 중국 슈퍼리그 경험까지 있다. 여자 대표팀과도 함께 했다. 이 정도로 화려한 커리어를 가진 피지컬 코치는 찾기 힘들 것이다. 그래서 이재홍 코치는 대한축구협회뿐 아니라 프로 감독들이 가장 선호하는 인물이다. 이재홍 피지컬 코치를 만나 직업에 대한 이야기를 들어 봤다.

KEY PLAYER

이재홍

피지컬 코치 혹은 피지컬 트레이너 무엇으로 불리든 그 중요성과 가치는 다를 것이 없다

이재홍, 그는 이제 선수 출신이 아니라도, 해외에서 공부를 하지 않았어도 피지컬 코치에 도전할 수 있다고 말한다. 하지만 과거에 비해 배움의 기회가 늘어났다고 해서 이 길이 쉬워졌다고 얘기할 수는 없을 것이다. 수많은 관련 자격증이 필요하며 최소 석사 과정까지는 마쳐야 한다. 또한 영어, 포르투갈어, 스페인어 등 외국어 능력도 갖춰야 한다. 팀 내에서 감독과 선수의 관계는 물론이고 선수와 의무팀의 관계까지 아우르는 것도 피지컬 코치에게 요구되는 중요한 역할이다.

the-AFC.com
the-AFC.com

이재홍 코치는 축구선수 출신이다. 대구공고에서 선수로 뛰었던 17세 시절 청소년 대표팀에 뽑힐 정도로 촉망받는 유망주였다. 김영광, 조용형, 이종민 등과 함께 대표팀 생활을 했다. 하지만 고등학교 2학년 때 무릎을 심하게 다치는 부상에도 불구하고 제대로 된 재활 치료를 받지 못했다. 왼쪽 무릎이 정상이 아니었는데 오른발에만 의지하여 훈련에 임했고 경기에 출전했다. 이 부상으로 인해 선수 커리어가 무너지고 말았다. 결국 배재대학교 2학년까지 축구를 하다가 그만두게 됐다.

2002년 월드컵 당시 4강 신화의 숨은 주역이었던 레이몬드 베르하이옌 피지컬 코치를 보고 영향을 받기도 했으나 직접 겪은 큰 부상이 이 직업을 선택하는 데 있어 결정적인 영향을 끼쳤다. 이재홍 코치는 "피지컬 코치와 운동을 함께 해본 적이 없었기 때문에 처음에는 잘 알지 못했다. 하지만 피지컬 코치가 부상 확률을 떨어뜨리고, 퍼포먼스를 올려줄 수 있다는 이야기를 듣고 내가 직접 해보고 싶었다. 결국 내가 큰 부상을 당하면서 새로운 분야에 대해 관심이 생겼다고 볼 수 있다. 당시에는 피지컬 코치를 준비하는 사람이 거의 없었기 때문에 도전해볼 만하다고 생각했다"고 말했다.

그는 브라질 유학 시절 알게 된 한국인 에이전트를 통해 이용수 당시 세종대학교 교수(대한축구협회 부회장)를 소개받았다. 2003년이라 피지컬 코치라는 직업에 대한 정보가 거의 없던 시절이었다. 이용수 교수는 세종대학교 체육학과로 편입해서 기초부터 시작하라고 조언했다. 운동 생리학, 해부학, 영양학 등 생소한 분야를 공부해야만 했다. 일단 세종대학교 체육학과로 편입하는 것까지는 성공했다.

하지만 평생 축구만 해온 사람에게 공부라는 게 쉬운 일이 아니었다. 편입 이후 처음 들은 수업이 운동 생리학이었다. 공부 요령이 없어 책 전체를 다 외웠다. 그리고 시험을 봤는데 결과는 충격적이었다. 이재홍 코치는 "D-를 받았다. F나 다름없었다. 내가 엉뚱한 걸 외웠던 것 같다. 결국 교수님께 크게 혼났다. 그런데 다행히도 학과에 축구선수 출신 선배가 있었다. 생리학에 대해 잘 아는 형이었다. 그 형 집에 가서 1주일 동안 배우다 보니 그제야 이해가 됐다. 지금 돌아보면 내가 공부하는 법을 아예 몰랐던 것 같다. 공부하는 법부터 배워야 하는 상황이었다"고 회상했다.

3학년까지 마친 다음엔 공익근무를 하며 영어에만 몰두했다. 이재홍 코치는 "회화를 10개월 하다 보니 재미가 없더라. 그래서 토익을 했는데 시험 보는 요령만 알려줘서 그만뒀다. 이후 토플을 공부했는데 생각했던 것보다 재밌더라. 시험 점수가 필요하진 않았지만 영어 서적이나 논문을 읽는 데 큰 도움이 된 공부였다"며 "공익근무 막판에는 고등학교 과목인 생물과 화학을 공부했다. 피지컬 코치를 하려면 꼭 필요한 분야였는데 도움되는 내용들이 모두 고등학교 책에 있더라. 학창시절 하지 못했던 공부를 공익근무 하면서 다 해냈다"고 말했다.

공익근무를 마치고서는 영국으로 향했다. 그곳에서 영어 공부와 아르바이트를 병행했다. 8부 리그 축구팀에 들어가기도 했다. 그리고 다시 국내로 돌아와 학과 공부를 이어갔고, 학점도 3점 중반대로 끌어올린 상태에서 세종대학교를 졸업했다. 이후 서울대학교 대학원을 다니며 본격적인 피지컬 코치 활동을 시작했다. 신림중학교에 찾아가 "돈은 안 받아도 되니 피지컬 코치로 활동할 수 있는 기회를 달라"고 했다. 이후 신천중학교 축구부와도 인연을 맺으며 현장 경험을 쌓았다. 피지컬 코치에 대한 인식이 거의 없던 때라 현장 경험을 쌓는 방법은 '맨땅에 헤딩'밖에 없었다. 이때부터 해외 논문과 훈련 영상 등을 찾아보며 자신 만의 훈련법을 만들기 시작했다.

2011년엔 세종대학교 축구부 수석코치로 활동했다. 선수 출신 8명과 일반 체육학과 출신 6명으로 이뤄진 소규모 축구부였다. 1개월에 50만원씩 받으며 생활했다. 당시에는 외부 축구 레슨으로 생계를 유지했다. 월 150만원을 벌며 그 돈으로 먹고 자고 공부까지 했다. 그렇게 음지에서 열심히 활동하다 보니 기회가 찾아왔다. 2011년 8월쯤 대한축구협회에서 연락이 와서 '한국인 피지컬 코치를 키우려고 하는데 면접을 해보는 게 어떻냐'고 제안했다. 그동안의 노력이 보상받는 순간이었다.

이재홍 코치는 결국 런던올림픽 대표팀의 피지컬 코치였던 이케다 세이고(현 울산 수석코치) 밑에서 배울 수 있는 기회를 잡았다. 여자 U-20 월드컵 일정과 겹치는 관계로 올림픽 본선까지 따라가진 못했으나 국내 훈련을 도우며 피지컬 코치로서 사실상 첫 발을 내딛었다. 국내에는 피지컬 코치 자격 코스가 없었던 시절이라 일을 하면서 동시에 영국축구협회에서 발급하는 공식 자격증을 취득했다. 이후 커리어를 이어가면서 전문성을 더 높이고 싶은 마음에 AFC 지도자 A급 자격증까지 땄다. 이재홍 코치는 "피지컬 코치의 경우 일반적으로 필드 코치 자격증을 B급까지만 따는 편이다. 하지만 조금 더 욕심이 나서 A급까지 따게 됐다. 현재 A급 자격증을 가진 피지컬 코치는 많지 않다"고 설명했다.

이재홍 코치는 여자 A대표팀뿐 아니라 최진철, 김상호 감독 등과 함께 남자 연령별 대표팀에서 활동하며 커리어를 이어갔다. 그 즈음부터 유럽이나 남미 출신의 피지컬 코치가 장악했던 국내 시장이 조금씩 변하기 시작했다. 이재홍 코치가 대한축구협회의 신뢰를 얻으면서 한국인 피지컬 코치의 신뢰도가 점점 올라갔다고 봐도 무방하다. 하지만 전문성이 필요한 직업인데도 불구하고 2013~2014년쯤에는 3000만 원대 중후반의 비교적 낮은 연봉을 받았다고 한다.

2015년엔 대표팀이 아닌 프로 무대에 도전했다. 김상호 감독과 함께 중국 상하이선신으로 향했다. 이재홍 코치는 "김상호 감독님과 연령별 대표팀에서 좋지 않은 성적을 기록했던 적이 있다. 그래서 김상호 감독님과 다시 한 번 해보고 싶었다. 내 나름대로 승부수를 걸어본 것이다. 연봉이 높은 편이었지만, 그것보다는 마이클 김 코치님, 김풍주 코치님 등 배울 수 있는 선배 코칭스태프와 함께 한다는 것도 의미가 있었다"고 설명했다.

이후 부산아이파크를 거쳐 신태용 감독이 이끄는 A대표팀 피지컬 코치로 부임했다. 신태용 감독과는 좋은 호흡을 보이며 당시 대표팀의 위기를 잘 수습했다. 피지컬 코치로서 첫 월드컵을 경험하면서 한국인도 할 수 있다는 걸 증명해냈다. 어려운 난관들을 함께 헤쳐나가면서 대표팀 선수들로부터 큰 신뢰를 얻게 됐다. 이후 FC서울, 인도네시아 대표팀 등을 거쳐 현재는 항저우아시안게임과 파리올림픽을 준비하는 연령별 대표팀에서 활약하고 있다.

선수 출신이라는 점에서 조금 덜 와 닿을 수도 있겠지만, 대학 재학 중 선수생활을 접고 이후 바닥부터 시작해 올라온 케이스라 모든 준비생들의 모범답안이 될 수도 있다. 이재홍 코치는 피지컬 코치를 꿈꾸는 준비생들에게 몇 가지 조언을 했다.

"피지컬 코치를 하려면 최소 석사 과정까지 밟아야 하며 언어 능력 역시 필수다. 피지컬 코치는 선수들의 몸 상태를 담은 데이터와 문서로 말을 해야 한다. 이를 감독에게 보고해야 하고, 때로는 설득도 해야 한다. 복잡한 통계를 이용해 보기 좋게 보고서를 만들어야 할 때도 있다. 그렇기 때문에 이론적으로 아주 잘 정립되어야 한다. 그렇지 않으면 좋은 피지컬 코치가 되기 어렵다. 피지컬 코치를 준비하는 젊은 친구들을 만나면 항상 석사까지는 꼭 공부하라고 말한다. 직접 논문을 써보면서 나만의 자료를 만들어보는 게 매우 중요하다. 또 두 가지 이상의 언어를 할 수 있다면, 정보 습득의 양이 엄청나게 커지게 된다. 영어는 기본이며 포르투갈어, 스페인어도 큰 도움이 된다. 이는 세계 축구 트렌드 변화 그리고 피지컬 파트의 트렌드를 따라갈 수 있는 밑거름이 된다. 우물 안 개구리가 되지 않기 위해선 언어가 필수다."

기술적인 능력뿐 아니라 소통에 있어서도 능숙해야 한다. 혼자만 알고 있는 건 중요하지 않다고 강조했다. 핵심은 알고 있는 것 그 자체가 아니라 효율적으로 정확하게 전달하는 것이다.

"몇몇 유럽 피지컬 코치들은 능력은 매우 좋은데 소통이 부족하다. 분명 언어적인 문제도 있었을 것이지만 국내 분위기로 봤을 땐 다소 아쉬운 점이다. 이에 반해 내가 본 이케다 세이고 코치는 선수들의 마음을 잘 헤아려준다. 이렇게 피지컬 코치마다 조금씩 차이가 있다. 한국사회 전반적인 분위기 그리고 축구계 기준으로 봐도 소통이 매우 중요하다. 선수들이 힘들면 같이 울 수도 있어야 된다. 그렇기 때문에 공감 능력도 꼭 필요하다. 선수들이 하기 싫어하는 걸 시킬 땐 반드시 설득 과정을 거쳐야 한다. 데이터와 영상 등 모든 걸 활용해서 선수들에게 직접 느끼게끔 해줘야 좋은 퍼포먼스가 나올 수 있다."

피지컬 코치가 단순히 운동을 도와주는 역할만 하는 게 아니다. 팀 전체로 봤을 때 한 가운데서 조율하는 역할을 맡을 가능성이 크다. 감독과 선수, 선수와 감독 그리고 선수와 의무팀의 관계까지 모두 아우르는 게 피지컬 코치의 역할이다.

"피지컬 코치는 역할 자체가 오해를 받기 딱 좋은 위치다. 그래서 언제나 조심해야 한다. 말을 전달하는 역할을 하다 보면 문제가 생길 수 있기 때문이다. 사실 나도 이게 가장 어렵다. 둘이서만 이야기할 때는 잘 해결됐지만, 막상 모두 모여서 미팅할 때 각자 다른 이야기를 할 때도 있다. 이 경우 중간에 껴 있는 피지컬 코치가 난감해질 때가 있다. 이럴 때는 내가 희생하는 경우가 많다. 단순하게 운동만 잘 시키면 되는 직업은 아니다."

MIXED ZONE

선수 출신이 아니더라도 도전 가능한 직업인 건 맞다. 실제로도 축구선수를 하지 않고도 현업에서 인정을 받고 있는 피지컬 코치들을 종종 볼 수 있다. 하지만 일반적이라고 생각하면 안 된다. 이들은 선수 출신을 능가하는 다른 무언가를 하나 정도는 가지고 있었기 때문에 꿈을 이룰 수 있었다고 봐야 한다. 냉정해 보일 수 있지만 이게 현실이다.

선수 경험이 없는 피지컬 코치는 믿기 어렵다는 생각을 가진 지도자들이 꽤나 많다. 지도자들이 밖으로 표현하진 않겠지만, 분명 일을 하는데 걸림돌이 될 수도 있다. 사실 감독들의 생각이 완전히 틀린 것도 아니다. 성적이 중요한 축구계에서 축구선수 출신이 아닌 피지컬 코치가 살아남는 건 상당히 난이도가 높은 일이라고 생각한다. 피지컬 코치에 도전하고 싶으면 단단히 각오하라는 의미다. 어쨌든 선수출신과 비선수출신의 차이는 인정하고 가야한다.

감독 스타일에 따라 피지컬 코치에게 기대하는 게 다를 수도 있다. 피지컬 코치에게 많은 권한을 부여하는 감독이 있는 반면, 아주 작은 부분만 맡기고 나머지는 모두 직접 지도하는 감독도 있다. 내가 더 많이 알고 있다고, 잘할 수 있다고, 모든 걸 해보려는 마음가짐은 자칫 갈등의 씨앗이 될 수도 있다. 때로는 참고 조절할 줄도 알아야

한다.

어느 분야든 끊임없이 공부해야 하는 건 만고의 진리다. 하지만 피지컬 코치가 공부해야 할 분야는 매우 광범위하다. 이재홍 코치는 '공부하는 법'부터 공부해야만 했다. 심지어 고등학교에서 배워야할 생물1, 생물2 그리고 화학1을 대학교 때 공부했다. 영어도 공익근무와 병행하며 실력을 키웠다. 이 정도 의지는 보여줘야 정상급 피지컬 코치가 될 수 있다.

불과 2000년대 초반만 하더라도 피지컬 코치는 외국인들의 자리였다. 피지컬 코치가 한국인이라면 신뢰하지 않는 분위기였다. 그도 그럴 것이 국내에는 피지컬 코치가 되는 과정조차 없었다. 그래서 영국, 독일, 브라질 등으로 유학을 떠나지 않고서는 피지컬 코치로 인정받기가 어려웠다. 하지만 지금은 국내에도 좋은 과정들이 있다. 종종 외국인 피지컬 코치들이 방한해 좋은 강의를 한다. 무엇보다도 경험을 공유할 수 있는 훌륭한 피지컬 코치 선배들이 있다. 조금만 노력한다면 이들을 만나는 건 어렵지 않다. 하지만 이 책에서 다루는 직업 가운데 가장 높은 난이도를 가진 일이라는 점은 단언할 수 있을 것 같다. 그건 분명해 보인다.

memo

김환

항목	별점	평가	점수
급여 수준	★★★★★★★★☆☆	업계 정상으로 간다면 억대 연봉도 가능	8.0
취업 난이도	★★★★★★★★✫☆	프로팀 18세 레벨 이하도 피지컬 코치를 많이 뽑는다면 자리는 늘어날 것	8.5
향후 전망	★★★★★★★★★☆	피지컬 코치의 중요성은 점점 더 커지고 있다	9.0
업무 강도	★★★★★★★★★☆	훈련 전에도, 훈련 중에도, 훈련 후에도 계속 일해야 한다	9.0
업무 만족도	★★★★★★★★★☆	내가 관리한 선수가 최고의 활약을 보인다면? 이보다 더 좋을 수 없다	9.0

06

비디오분석관

/ 지피지기백전불태, 분석하고 또 분석한다 /

VIDEO ANALYST

업무 개요

국가대표팀, 클럽 경기 및 훈련 비디오 분석

급여 수준

연 3000만 원대 중반
(K리그 클럽 기준)

채용 방식

주로 네트워크를 통한 채용

요구 어학 능력

번역 가능한 수준의 영어 능력

우대 경력

비디오 분석 업체 등

비선수 출신으로 축구계, 특히 경기 분야에 뛰어들 수 있는 몇 안 되는 직종이 바로 비디오분석관이다. 선수 출신이 아니거나 축구 실력이 뛰어나지 않아도 전문적 지식과 분석 능력이 있다면 수행할 수 있는 직업이기 때문이다. 최근에는 국가대표, 연령별 대표뿐 아니라 대다수의 K리그 클럽들이 비디오분석관을 채용해 경기력 향상, 혹은 상대 분석을 위한 수단으로 활용하고 있다.

과거에는 감독, 코치 등 선수 출신 지도자들이 비디오 분석을 직접 하거나 분석관의 의견을 귀담아듣지 않는 경우가 많았지만 최근에는 흐름이 달라졌다. 분석관의 주장을 신뢰하며 활발하게 논의, 토론하여 훈련이나 경기에 반영하는 추세다. 선수 출신이 아니라고 해서 무시 받는 환경은 아닌 만큼 전문성을 갖춘다면 충분히 도전할 만하다.

비디오분석관은 해야 할 일이 많다. 기본적으로 영상 장비를 다루는 일에 능숙해야 한다. 최근에는 활용하는 카메라가 과거에 비해 다양해진 만큼 여러 영상 장비를 익숙하게 다룰 수 있어야 한다. 촬영은 기본이고 편집도 해야 한다. 특히 편집 실력이 중요하다.

간단하게 영상만 붙여 나열하는 경우도 있지만 자막이나 그래픽을 통해 상황을 자세하게 설명할 수도 있어야 한다. 팀 전체 미팅 영상을 만들기도 하지만 선수 개인을 위한 영상도 편집, 제공해야 하기 때문에 업무량이 굉장히 많다고 봐야 한다.

비디오분석관은 임기응변, 순발력이 필요한 직업이다. 현장에서 장비가 고장날 경우 순간적으로 영상을 확보할 방법을 찾아야 한다. 장비를 직접 수리할 수 있다면 금상첨화다. 최근에는 경기 하프타임에도 감독, 코칭스태프가 요구하는 영상을 바로 편집해 작전에 활용해야 하기 때문에 빠르게 대응할 수 있어야 한다.

노력, 공부도 게을리할 수 없다. 세계 축구의 흐름이 어떻게 흘러가는지, K리그 각 팀들은 어떤 식으로 경기를 운영하는지를 확인하고 분석하여 팀에 적용하는 작업을 감독과 함께 진행하는 경우가 많다. 단순히 영상 촬영, 편집에 그치지 않는 만큼 강도 높은 업무를 소화할 만한 애정과 욕심이 필요하다.

최근에는 비디오분석관을 채용하는 팀들이 계속 늘어나는 추세다. 젊은 지도자들을 중심으로 비디오분석의 중요성을 인정하고 전임 분석관을 확보하는 일에 뒤처지지 않는 모습이다.

클럽과 대표팀에 모두 비디오분석관이 있지만 두 분야의 성격, 환경은 매우 다르다. 클럽 분석관은 경기장에 가서 영상을 찍고 감독의 요구에 맞게 활용하는 일을 돕는다. 시즌이 시작하는 3월부터 11월 말, 혹은 12월 초까지 같은 일을 반복해야 하기 때문에 업무 강도가 상상 이상이다.

반면 대표팀 분석관은 일을 한 번에 몰아서 하는 편이다. 예를 들어 월드컵 예선을 앞두고 있다면 약 한 달 전부터 소집이 끝날 때까지 밤샘 작업을 하는 경우가 많다. 감독과 코칭스태프는 물론이고 선수의 요구사항이 모두 다르기 때문에 편히 쉬지 못하고 편집을 할 때도 많다.

축구 영상 분석을 전문으로 하는 업체들도 있다. 다트피쉬나 비주얼스포츠, 비프로일레븐 같은 업체들은 영상 분석으로 업계에서 유명하다. 특정 팀의 의뢰를 받아 영상을 분석하고 경기에 영향을 미치는 구체적 데이터를 제공하기도 한다. 일부 분석관은 업체에서 일하다 프로축구단, 대표팀 분석관으로 자리를 옮기기도 한다.

SONY
SONY
DVCAM
KOREA

채봉주

지도자와 선수에게 영상으로 명확한 메시지를 전달해야 한다

채봉주, 그는 비디오 분석관에게 장비를 다루는 지식은 지극히 기본적인 것이며, 네트워킹을 위한 영어 등 언어 능력도 필요하다고 강조한다. 무엇보다 감독, 코치, 선수가 요구하는 것들을 정확하게 이해해서 명확한 메시지를 담은 영상을 편집, 제공할 수 있느냐가 관건이라고 말한다. 비디오를 잘라 붙이는 건 누구나 할 수 있지만, 단순한 편집만으로 자료를 보는 이들의 이해도를 높일 수는 없다. 편집 이상의 가공을 위한 센스가 필요하다.

채봉주 분석관은 축구선수 출신이 아니다. 원래 대학에서 체육을 전공했던 그는 교직이수를 거쳐 교사가 되는 게 꿈이었다고 한다. 이를 위해 학업에 전념했는데 우연히 학교에서 스포츠 영상 분석 업체인 다트피쉬를 알게 됐다. 이 업체가 진행했던 영상 분석 특강을 일주일 동안 들은 후 분석관에 대해 관심을 갖기 시작했다. 이후 다트피쉬에서 6개월 동안 무급 인턴으로 일을 배우면서 본격적으로 분석 분야에 뛰어들었다.

기본적인 업무를 배우다 그는 프로배구팀인 대한항공에서 비디오분석관으로 일하게 됐다. 다트피쉬는 축구뿐 아니라 배구, 볼링, 탁구, 양궁 체조 등 다양한 종목의 비디오분석을 담당하고 있다. 당시 채 분석관은 회사의 추천을 받아 2005~2006시즌 한 시즌 동안 배구계에 몸을 담았다. 2011년 대한축구협회에서 비디오분석관 공개 채용을 실시했는데 경험이 풍부했던 채 분석관은 이 기회를 놓치지 않고 한 자리를 차지할 수 있었다.

채 분석관은 베테랑 중의 베테랑이다. 2022년 현재 A대표팀의 분석 업무를 수행하고 있다. 앞서 설명한 대로 대표팀 분석관은 클럽 분석관에 비해 경기 수가 많지는 않다. 그만큼 상세하고 면밀한 분석을 요구할 수밖에 없다. 국가대표팀은 우리나라에서 가장 큰 관심을 받는 조직이라 채 분석관의 어깨는 늘 무겁다. 대표팀 성적에 따라 일희일비할 수밖에 없는 자리에 있다. 그런 부담감 속에서 일하지만 한국 최고의 선수들과 함께하는 만큼 보람도, 성취감도 크다고 볼 수 있다. 어찌 보면 분석관 업무의 최정점에 있다 해도 과언이 아니다.

TIP 1 명확한 메시지를 주는 편집

큰 틀에서 보면 채 분석관은 감독과 코칭스태프가 요구하는 영상을 만드는 일을 한다. 영상의 종류는 다양하다. 특정 선수나 포지션의 영상을 만들 수도 있고 잘한 플레이, 못한 플레이만 따로 편집해 만들 수도 있다. 때로는 한 선수가 수비 라인을 왔다 갔다 하는 장면만 모아 달라는 구체적이고 디테일한 주문을 받을 때도 있다. 일부 선수는 자신이 플레이하는 모습을 담아 달라고 개인적으로 요구하기도 한다. 사실상 영상과 관련해 해달라는 일은 다 하는 셈이다.

가장 중요한 것은 감독이나 코칭스태프, 선수가 요구하는 바를 정확하게 이해하고 명확한 메시지를 담은 영상을 편집할 수 있어야 한다는 점이다. 예를 들어 영상의 목적이 세트피스 보완을 위한 움직임을 찾기 위한 것이라면 이를 뚜렷하게 드러내는 장면을 모아 보여줄 수 있어야 한다. 잘라서 붙이는 것은 누구나 할 수 있지만 어떻게 배열하고 어떤 그래픽, 자막을 넣느냐에 따라 상대를 이해시키는 정도가 완전히 달라질 수 있기 때문이다. 대표팀 분석관의 경우 여러 감독과 코칭스태프를 만나기 때문에 상대의 스타일을 빠르게 이해하고 맞춰갈 수 있는 센스와 적응력도 필요하다.

TIP 2 장비 지식은 필수, 네트워크 위한 영어 능력도

대표팀 분석관은 해외 출장을 자주 나간다. 국제대회가 워낙 많기 때문에 국내 경기만큼이나 해외에서 치르는 경기의 수도 많다. 그래서 필요한 게 장비에 대한 지식이다. 해외 출장 도중 꼭 사용해야 할 장비가 고장이 나면 현지에서 수리할 수 없는 상황에 직면하기 마련이다. 그렇다고 영상 촬영이나 편집을 포기할 수는 없다. 스스로 문제를 파악하고 수리할 수 있어야 차질 없이 업무를 수행할 수 있다.

채 분석관은 "외국에 나가면 변수가 굉장히 많이 발생한다. 항공기로 이동하기 때문에 장비가 망가지는 경우가 있다. 그렇다면 스스로 고쳐 사용할 수 있어야 한다. 전적으로 혼자 하는 일이기 때문에 모든 책임을 스스로 져야 하고, 혼자서 잘 대처해내야 한다. 때로는 선수단의 IT 매니저 역할도 한다. 선수들이 해외에 노트북을 들고 나가기도 하는데 간혹 고장난 컴퓨터를 고쳐 달라는 민원에 응대할 때도 있다"라고 말했다.

분석관에게는 네트워크도 필수다. 과거에는 비디오분석관이 직접 해외로 나가 상대팀 영상을 촬영하기도 했지만 지금은 인터넷을 통해 영상을 확보하는 일이 수월해졌다. 분석관이 직접 비행기를 타고 나가 영상을 얻어야 하는 복잡하고 긴 과정이 생략된다. 다만 영상을 구하는 일은 온전히 분석관 본인의 몫이다. 채 분석관은 "옛날에는 영상을 구하기가 쉽지 않으니 현지에 가서 직접 찍기도 했다고 한다. 지금은 마음만 먹으면 세계 모든 나라의 영상을 구할 수 있다. 대회가 있어 해외에 나가면 각 나라 분석관을 만나 관계를 형성한다. 서로 영상 자료를 건네면서 도움을 주기도, 받기도 한다"라고 말했다.

처음부터 네트워크가 생기는 것은 아니다. 기회가 있을 때 적극적으로 다가가 스킨십을 하는 사회성이 필요하다. 이를 위해서는 영어 능력이 필수다. 해외를 많이 다니기 때문에 영어 및 소통 능력이 뒷받침되지 않으면 난감한 일을 겪을 수 있다. “해외에 나가면 예상하지 못했던 일이 자주 발생한다. 경기를 촬영하려는 데 상대팀 관계자가 와서 막는 경우도 있다. 영어로 설명, 항의, 언쟁까지 할 수 있어야 한다. 나도 처음에는 영어를 잘하는 편이 아니었지만 필요성을 강하게 느껴 공부했다. 적어도 내 생각을 영어로 말하는 수준은 되어야 한다.”

TIP 3 클럽과 대표팀의 차이를 이해해야

채 분석관이 가장 바쁜 시기를 보내는 건 큰 대회에 참가할 때다. 클럽 분석관의 경우 시즌 내내 비슷한 수준으로 바쁜 일상을 보낸다. 어느 정도 루틴이 잡힌 업무를 한다고 볼 수 있지만 대표팀 분석관은 큰 대회를 치를 때 가장 분주하다. 아시안컵이나 월드컵이 가장 바쁜 대회라고 할 수 있다. 대회 도중에는 우리나라 영상과 더불어 상대 영상도 확보하고 분석해야 하기 때문에 잠은 사실상 포기해야 한다. 대표팀 분석관에게는 일을 몰아서 할 수 있는 집중력과 체력이 필요하다.

그는 “업무 강도만 놓고 보면 나보다는 클럽 분석관들이 더 힘들다고 보는 게 맞을 것 같다. 전에 클럽 분석관 교육을 담당하기도 했는데 그분들은 정말 쉴 시간이 없더라. 경기가 끝나면 해야 할 업무가 많다. 게다가 K리그 시즌은 거의 9개월 정도 이어진다. 업무량이 대표팀 분석관과 비교하면 훨씬 많다”라고 이야기했다.

채 분석관이 느끼는 업무 만족도는 높은 편이다. 클럽에 비해 업무 강도가 강한 것도 아니고 국내 분석관 중에서는 최상위 조직으로 볼 수 있는 대표팀에 몸 담고 있기 때문이다. 대우도 나쁜 편은 아니다. K리그 A급 비디오 분석관들의 연봉이 3000만원 중후반대~4000만원 초반대인 것을 고려하면 채 분석관의 연봉은 그보다 나은 편이다. 그는 "100점 만점에 90점 정도는 된다"라며 자신의 업무 만족도에 높은 점수를 줬다.

INJURY TIME

축구영상분석업체

국내에도 다양한 영상분석업체가 존재한다. 스위스에 본사를 두고 1998년 설립된 다트피쉬가 대표적이다. 다트피쉬의 경우 비디오 디바이스를 활용한 소프트웨어를 통해 축구뿐 아니라 다른 종목들의 영상을 분석하고 있다. 프로팀은 물론이고 각 시도체육회 및 초중고대학교, 체육관련 기관과 함께 일하고 있다. 채봉주 분석관의 사례처럼 꼭 축구로 일을 시작하지 않아도 되는 만큼 영상 분석 업무 자체에 관심을 두는 것도 취업을 위한 방법이 될 수 있다.

비주얼스포츠의 경우 2006년 설립돼 국내 최초로 축구 분석 시스템을 개발한 업체로 유명하다. 2009년 대한축구협회 영상 분석을 지원하며 사업을 확대했고, 지금은 영상 분석 외에도 심판 교육 지원, 축구 콘텐츠 제작 등 다양한 분야로 사업을 확대했다.

최근 가장 활발하게 활동하는 업체는 비프로일레븐이다. 비프로일레븐은 인공지능(AI) 기반 축구 영상 분석 기업이다. 카메라부터 시스템, 편집 프로그램까지 직접 개발해 선진적이고 수준 높은 분석 결과를 제공하고 있다. 성장세가 뚜렷해 현재 독일 함부르크를 거점으로 국내외에서 폭넓게 영역을 확장하고 있다. 한국프로축구연맹을 통해 K리그1, K리그2 전체의 경기 스탯을 분석, 제공하는 업체도 바로 비프로일레븐이다.

MIXED ZONE

사실

축구계에서 비선수 출신이 할 수 있는 일은 한정적이다. 행정 사무직이 기본이고 언론이나 미디어, 혹은 심판 정도가 접근 가능한 영역이다. 비디오분석관의 경우 장비를 능숙하게 다루고 촬영, 편집을 직접 한다는 전문 영역에 속해 있기 때문에 비선수 출신이 오히려 더 유리할 수도 있는 특수 포지션이라고 볼 수 있다. 선수 출신이 아니라고 해도 축구, 전술에 대한 이해도가 높으면 지도자나 선수도 인정하는 분석관이 될 수 있다는 점에서 매력적인 직업이 아닐 수 없다.

그렇지만 비디오분석관은 정말 되기 어려운 직업이다. K리그에는 총 23팀이 존재한다. 이 팀들이 모두 분석관을 1명씩 고용해도 K리그에 분석관은 23명뿐이다. 특히 대표팀 분석관은 자리가 거의 나지 않는 만큼 현실적으로 하나의 목표를 두고 준비하는 것은 무리가 따른다. 확실히 들어갈 수 있는 문은 매우 좁은 편이다.

그렇다고 마냥 비관적인 것은 아니다. 최근에는 K리그뿐 아니라 하부리그, 심지어 대학교 축구부에서도 비디오분석을 하는 팀들이 있다. 비디오 분석 업체도 과거에 비해 활발하게 활동하는 만큼 밑바닥에서부터 일을 시작할 용기가 있다면 도전하는 것도 나쁘지 않다.

축구계 대다수의 직업이 그렇지만 비디오분석관도 업무 강도가 매우 강한 편이라는 점도 반드시 알아야 한다. 전국을 돌아다니며 쉴 새 없이 일해야 하고 감독의 성향이나 스타일에 따라 스트레스도 상당히 받을 수 있다. 채 분석관만 해도 "축구협회에서 일하기 시작한 후 아내가 이럴 줄 알았으면 결혼을 다시 생각해봤을 거라고 하더라. 그만큼 집을 자주 비운다"라면서 어려움을 토로했다.

그래도 비디오분석관은 보람이 큰 직업이다. 성적이 좋으면 그대로 공을 인정받기 때문이다. 과거에 비해 K리그 감독들은 분석관의 능력을 인정하고 의지하는 분위기로 흘러가고 있다. 물론 반대로 성적이 나쁠 땐 선수단과 함께 극한의 고통을 받을 수 있지만 비선수 출신으로는 경험하기 어려운 일을 한다는 점에서 특수성이 두드러지는 것은 분명하다.

memo

정다워

항목	별점	평가	점수
급여 수준	★★★★★★★☆☆☆	업무 강도에 비하면 연봉이 많다고 하기는 어렵다	7.0
취업 난이도	★★★★★★★★★☆	자리 자체가 많지 않다 스스로 개척해야	9.0
향후 전망	★★★★★★★★☆☆	종목을 막론하고 스포츠의 비디오분석은 각광받는 추세다	8.0
업무 강도	★★★★★★★★★☆	개인의 삶을 어느 정도는 포기해야 할 정도로 바쁘다	9.0
업무 만족도	★★★★★★★★☆☆	비선수 출신이 선수들과 동등하게 호흡하는 유일한 직업	8.0

07

심판

/ 선수와 함께 그라운드를 누비는 유일무이한 존재 /

REFEREE

업무 개요

아마추어, 실업, 프로, 국가대표 경기 관장

급여 수준

경기당 200만원
(K리그1 주심 기준)

필수 자격증

심판 자격증

요구 어학 능력

국제심판은 영어 필수

축구산업 전반이 과거에 비해 확대됨에 따라 심판에 대한 관심이나 수요도 올라가고 있다. 특히 프로축구 K리그에서 승강제가 정착하고 K3~7까지 실업 및 아마추어 팀 수와 경기 수가 늘어나면서 심판은 각광받는 직업으로 떠오르고 있다. 은퇴한 축구선수뿐 아니라 비선수 출신도 도전할 수 있는 분야라는 점에서 진입장벽이 마냥 낮다고 보기만은 어렵다.

2022년 현재 대한축구협회에 등록된 심판은 총 7933명이다. 2015년(7738명)과 비교하면 약 200명 늘어났다. 1급 심판이 503명이고 2급이 273명, 3급이 907명, 그리고 4급이 1217명이다. 5급이 4991명으로 가장 많고 급수가 아직 없는 심판은 42명으로 집계된다. 다만 등록 심판 중 현재 활동하는 이는 153명으로 전체의 약 1.9%에 불과하다. 등록만 해놓고 실제로는 심판 활동을 하지 않는 경우가 대다수라는 뜻이다.

심판 자격증을 취득하기 위해서는 단계를 밟아야 한다. 가장 낮은 단계인 5급 자격증을 취득하기 위해서는 만 14세 이상, 교정시력 좌우 1.0 이상이 돼야 한다. 이론, 체력, 실기 등 4일의 교육 과정을 밟고 평가를 받으면 취득할 수 있다. 5급 자격증으로는 동호인 경기 주부심, 초등부 2주심을 맡을 수 있다. 5급 자격증을 딴 후 2년간 대한축구협회, 또는 시도협회가 승인한 30경기 이상(주심 10경기) 관장하면 4급 승급 자격을 얻는다. 4급 자격증을 따면 전문축구 초등부 경기의 주심과 중등부 부심을 담당할 수 있다. 4급 취득 후 2년간 30경기 이상 주부심으로 활동하면 3급으로 승급할 수 있다. 3급 취득자는 전문축구 중등부 주부심, 고등부 부심으로 나설 수 있다. 3급 취득 후에도 마찬가지로 2년간 30경기 이상 주부심으로 나서면 2급 승격 자격을 얻는다. 2급을 따면 전문축구 고등부 주부심, 대학부 부심으로 경기에 나갈 수 있다. 2급 승격 후 2년 연속 등록하고 30경기 이상 활동하면 1급 승격 기회를 얻는다. 1급을 취득하면 전문축구 대학부 및 일반부 경기의 주부심을 맡을 수 있다. 프로심판에게는 공정성과 투명성이 최우선이기 때문에 금전의 유혹을 받을 수 있는 금치산자나 한정치산자, 파산선고를 받고 복권되지 않은 자 등은 1급 자격증을 취득할 수 없다.

최상위 단계인 국제심판 자격을 취득하려면 최상위리그에서 활동하고 국제축구연맹(FIFA) 국제심판 선발 기준에 부합해야 한다. 실기평가와 영어시험, 체력 측정 과정을 거친다. 이후 심판위원회 추천을 받아 FIFA의 심사를 마치면 자격을 얻는 복잡한 과정을 거친다.

2022년 기준 K리그1 주부심은 각각 16명씩 총 32명이다. K리그2 주심이 14명, 부심이 13명으로 총 27명이다. 59명만이 프로축구 무대에서 심판으로 활동할 자격을 얻는다. 그 외에 K3 주부심이 33명, K4 주부심이 36명이다.

프로축구 심판은 월급이 아닌 수당을 받는다. K리그1 주심이 경기당 200만원을 받고 부심이 110만원을 수령한다. 대기심은 50만원, VAR 심판은 60만원, AVAR 심판은 30만원을 받는다. K리그2 주심은 K리그1 기준의 절반 정도를 받는다.

2019년까지만 해도 한국프로축구연맹이 전임심판제를 도입해 직접 심판을 운영했다. 2020년부터는 '심판 관리는 각국 협회가 독점적 권한을 갖고 행사해야 한다'는 국제축구연맹(FIFA)의 지침에 따라 대한축구협회가 K리그 심판의 선발과 교육, 배정, 평가 등을 책임지고 있다. 프로축구 심판이 되기 위해서는 1급 자격증을 취득한 후 단계를 거쳐 평가를 받고 활동 무대를 옮겨가야 한다. 갑자기 프로축구 심판이 되는 게 아니라 아마추어부터 실업을 모두 거쳐야 한다는 점에서 노력 없이는 될 수 없는 직업으로 볼 수 있다.

adidas
FIFA

김종혁

선수 못지 않은 체력에
선수 이상 가는 멘탈이 필요하다

김종혁, 그는 축구 심판이라는 직업에 있어 선수 경력 유무는 중요하지 않다고 이야기한다. 선수 출신은 판단력에서 앞설 수 있지만, 비선수 출신은 이론적으로 우수한 경우가 많아 각기 장단점이 다르다고 덧붙인다. 그러나 자기관리만큼은 철저히 할 수 있어야 한다고 강조한다. 끊임없는 축구 공부는 기본이며, 선수와 비슷한 수준으로 체력을 유지해야 한다. 또한 선수, 감독, 팬들로부터 항의와 욕설을 듣더라도 흔들리지 않아야 한다. 몸도 마음도 강인해야 심판이 될 수 있다.

김종혁 심판은 K리그 팬 사이에서 유명한 스타 심판이다. 1983년생인 그는 한국을 대표하는 국제심판으로 만 20세인 2003년 1급 자격증을 취득하며 일찌감치 심판 세계에 뛰어들었다. 2009년 국제심판 자격증을 취득했고, 2011년부터 K리그 전임심판으로 왕성하게 활동하고 있다. 아시안컵과 FIFA 20세 이하 월드컵 등 주요 국제 대회에 등장하기도 했다.

김 심판은 고등학교 시절까지 공을 찼던 선수 출신이다. 축구 명문 광양제철고등학교에 입학한 유망주였는데 무릎을 다치면서 축구를 그만뒀다. 당시 그는 독일에서 수술을 받으며 재활을 노렸지만 고통이 너무 심해 꿈을 포기할 수밖에 없었다. 은사였던 기영옥 전 광주FC 단장의 조언을 듣고 심판에 입문하게 됐다.

김 심판은 "처음에는 거절했다. 당시에는 지금보다 심판의 이미지가 부정적이었다. 그래도 선생님께서 강력하게 추천하셔서 일단 교육을 받았다. 당시엔 가장 낮은 급수가 3급이었다. 교육을 받던 중 국제심판이 있다는 것을 알게 됐다. 축군선수로 이루지 못한 꿈을 심판으로 이룰 수 있겠다는 생각이 들어 그때부터 진지하게 도전하게 됐다"라고 말했다.

그는 고등학생 신분이었던 2001년 3급 자격증을 취득하며 남들보다 이른 시기에 심판 생활을 시작했다. 1년 후인 2002년 2급 자격증을 땄고, 전업 심판의 길에 들어섰다. 그가 처음으로 프로 무대에 뛰어든 것은 2009년의 일이다. 당시 20대였던 그는 나이에 비해 원숙하면서도 유연한 경기 운영 능력을 인정받으면서 심판계의 유망주로 떠올랐다. 착실하게 단계를 밟은 김 심판은 2014년 FIFA가 공인하는 국제심판에 선정됐다.

김 심판처럼 축구를 중도에 그만둔 선수들 중 상당수가 심판에 도전한다. 한국은 여전히 운동선수가 공부를 소홀히 하는 현상이 두드러지기 때문에 고등학교, 대학교 재학 중 축구를 포기한 선수들은 진로에 대한 고민이 많다. 평생 축구만 해온 선수들이 새로운 진로를 찾기가 쉽지 않기 때문이다. 그래서 김 심판 케이스처럼 많은 선수 출신이 심판의 길에 들어서기도 한다.

그가 심판에 입문했던 시대는 지금보다 환경이 척박했다. 제대로 된 규칙서가 없어 이를 구하는 데 애를 먹을 정도로 열악했다. 그는 "지금은 인터넷을 통해 심판에 대한 정보를 어렵지 않게 얻을 수 있지만 그때는 달랐다. 심판을 시작하는 것조차 쉽지 않았다. 정보가 워낙 없었다. 나처럼 지방에 사는 사람은 더 심했다. 그래서 어렵게 수소문해 선배 심판들에게 규칙서를 구하기도 했다. 지금처럼 아마추어 경기(초중고리그)가 활성화됐던 시기도 아니라서 심판으로 경험을 쌓기도 쉽지 않았다. 아는 선배들에게 연습경기가 있으면 불러 달라고 부탁하는 등의 방법으로 어렵게 공부를 할 수밖에 없었다"라며 당시 상황에 대해 이야기했다.

K리그와 국제 대회에서의 활약을 바탕으로 일약 유명인사가 된 그는 심판을 꿈꾸는 학생이나 지망생 사이에서 '롤모델'로 불리기도 한다. 10대부터 심판을 시작했고 프로에 입문해 승승장구하고 있으니 자연스러운 일이다. 실제로 그에게 연락해 심판에 대한 진로 상담을 하는 이도 많다고 한다.

김 심판은 "과거에는 17세의 어린 심판이 국제심판이 되는 법을 묻기도 했다. 왜 국제심판이 되고 싶냐고 묻자 멋져 보여서라는 답을 하더라. 그래서 일단 그 생각으로 꾸준히 노력하라고 조언했다. 20대 중반 정도의 심판에게는 조금 더 구체적으로 조언한다. 실력을 쌓아야 한다는 게 조언의 골자다. 실력을 키우고 멘탈, 자기 관리를 할 수 있어야 한다는 조언을 주로 한다. 심판은 남들이 놀 때 놀아서는 안 되는 직업이다. 공부도 끊임없이 해야 한다. 보통 이런 이야기를 해준다"라고 밝혔다.

TIP 1 비선수 출신 심판이 유리할 수도 있다

선수 출신 심판은 준비 초기 유리한 점이 많다. 상대적으로 축구에 대한 이해도가 높고 체력도 좋기 때문에 한 발자국 앞선 지점에서 시작한다고 봐도 무방하다. 다만 선수 출신이 아니어도 좋은 심판이 될 수 있다. 김 주심은 "비선수 출신도 문제가 없다. 실제로 많은 심판들이 비선수 출신이다. 국제심판만 봐도 절반 정도가 그렇다. 나는 축구를 안 해도 심판이 될 수 있다고 말한다"라며 "장단점이 있다. 선수 출신이면 비선수 출신보다 판단력이 좋다. 경기 상황을 보다 빨리 파악하는 장점이 있다. 하지만 이 부분은 경험을 통해 충분히 채울 수 있다. 오히려 운동을 한 사람들은 공부를 많이 하지 않는 경향이 있어 비선수 출신이 이론 면에서는 더 우수한 케이스가 많다. 심판은 이론으로 접근하는 사람이다. 유명한 축구선수가 무조건 좋은 감독이 되는 것은 아니다. 심판도 마찬가지다. 유럽만 봐도 심판들이 공을 잘 차는 모습을 본 적이 없다. 축구를 그렇게 못해도 판정은 잘한다. 선수와 심판은 완벽하게 분리해서 봐야 한다"라고 말했다.

TIP 2 심판은 자기관리가 생명

심판은 선수, 감독만큼이나 힘든 '극한 직업'이다. 가장 큰 이유는 직업과 사생활이 분리되지 않기 때문이다. 선수들은 한 경기를 위해 일주일, 혹은 2~3일을 준비한다. 경기를 앞두고 극도의 긴장 상태에 들어가는데 심판도 다르지 않다. 심판은 쉬는 날에도 자신이 맡았던 경기를 돌려보고 다른 경기까지 분석해야 한다. 축구는 90분간 많은 일이 일어나는 종목이다. 변수가 많아 긴장의 끈을 놓을 수 없다. 자신이 관장하는 경기의 팀 분석도 해야 한다. 포메이션, 전술에 따라 움직임을 파악하고 동선이 겹치지 않도록 이미지 트레이닝도 해야 한다. 어떤 선수가 할리우드 액션을 하는지, 거친 플레이를 많이 하는지, 혹은 어떤 감독이 항의를 자주 하는지 파악해야 미리 준비하고 대응할 수 있다. 평소에도 공부를 게을리할 수 없는 이유다.

체력을 유지하는 것은 필수다. 대한축구협회 심판위원회에서 실시하는 체력 테스트를 통과하지 못하면 심판으로 일할 수 없다. 심판은 선수만큼 많이 뛴다. 경기나 심판 특성에 따라 다르기는 하지만 보통 10km 정도를 뛴다고 한다. 자칫 체력이 약하면 경기 막판 집중력이 떨어지고 가장 중요한 순간에 심판의 역할을 하지 못할 수도 있다. 경기 종료 후에는 체중이 크게 줄 정도로 체력 소모가 많다. 술과 담배를 멀리하는 심판이 많을 수밖에 없다. 김 심판도 당연히 체력 관리에 심혈을 기울인다. 그는 "아주 가끔 술을 마시기는 하지만 많이 마시지 않는다. 담배는 절대 피우지 않는다. 몇 년 전부터 심판 분위기가 그렇다. 심판을 시작할 때까지만 해도 흡연자가 많았는데 지금은 그 반대다. 국제 대회에 나가보면 흡연 심판은 거의 없다. 체력에 해를 끼치기 때문에 피울 생각이 들지 않는다"라고 말했다.

TIP 3 강인한 멘탈은 필수

심판은 '잘해야 본전'인 특수한 직업이다. 잘하는 것은 드러나지 않지만 못하면 쉽게 노출된다. 최근에는 VAR 시스템 도입으로 심판의 오심 여부를 실시간으로 확인할 수 있다. VAR 덕분에 최종적인 판정은 정심을 많이 할 수 있게 됐지만 부담, 스트레스가 큰 것은 변하지 않는다. 어떤 심판도 90분간 완벽한 판정을 유지할 수는 없다. 세계 최고의 축구 무대인 잉글랜드 프리미어리그나 스페인 라리가, 독일 분데스리가에서도 오심은 꽤 빈번히 나온다. 심지어 유럽축구연맹(UEFA) 챔피언스리그, 월드컵 같은 최고의 대회에서도 오심 논란은 끊이지 않는다. 심판은 매 경기마다 오심과 싸워야 한다. 판정에 따라 비판과 비난에 시달리는 것도 불가피하다.

김 심판이라고 다를 것은 없다. 그는 K리그에서도 가장 중요한 경기를 많이 관장한다. 그만큼 팬의 항의도 많이 받는다. 선수도, 감독도, 팬도 예민하다. 그나마 경기인들은 현장에서 항의를 하는 것으로 끝내지만 팬은 그렇지 않다. 판정 하나 하나에 격하게 반응하고 경기장에서 거친 욕설을 하기도 한다. 프로에서만 그런 것은 아니다. 실업이나 아마추어 대회에 가도 심판은 환영받기 어려운 존재다. VAR 시스템도 없는 대회라 감독이나 부모의 항의를 거세게 받는 모습을 쉽게 볼 수 있다.

심판을 하려면 어쩔 수 없이 감내해야 한다. 욕을 먹는 게 두렵다면 심판을 하지 말아야 한다. 그래서 중요한 게 정신력, 멘탈이다. 심판은 강인한 정신력이 없으면 제대로 판정을 내릴 수 없다. 자신의 판정에 대한 확신 없이 여기저기 눈치를 보면 일관성을 상실하는 실수를 범하게 된다. 심판으로서 절대 하지 말아야 할 행동이다.

평정심을 유지하는 게 심판의 최대 과제다. 감독은 물론이고 어린 선수도 심판에게 욕설을 하는 경우가 있다. 이럴 때 심판은 동요하고 함께 흥분할 수 있다. 선수나 감독이 욕을 하지 않도록 차분하게 가라앉히는 것도 심판의 능력이라는 게 그의 지론이다. 김 심판은 웃는 심판으로 유명하다. 상대가 아무리 짜증을 내고 화를 내고 웃는 얼굴로 대응해 열기를 가라앉히는 데 능숙하다.

"선수가 화를 낸다고 나도 맞대응해 화를 내면 부딪히게 된다. 나도 선수 마음을 안다. 그래서 일단 이야기를 들어준다. 그러면서 진정시켜야 한다. 보통 나는 관중석에 있는 어린아이를 가리킨다. 저 아이가 지금 당신이 하는 행동을 배울 수도 있다고 말한다. 그러면서 나도 마음을 가라앉히고 성숙하게 생각하려 한다. 선수와 함께 흥분하면 심판이 경기를 망친다."

당연히 김 심판도 오심을 한다. 사람이니 실수를 피할 수는 없다. 문제는 사후관리다. 자신이 오심을 범했다는 것을 인지하면 그때부터 극한의 스트레스에 시달리게 된다. 심판 평가에 반영이 되는 데다 자존심에도 상처를 입는다. 그는 "심판을 하면서 가장 힘들 때가 그때다. 판정을 잘못하면 정신적으로 힘들다. 처음에는 심판을 보는 경기에 가족을 부르기도 했는데 지금은 안 부르는 이유도 여기에 있다. 내가 욕 먹는 모습을 보여주고 싶지 않아서다. 최대한 빨리 극복해야 하는데 쉽지 않다. 어찌 보면 심판에게는 정신력이 가장 중요할지도 모른다"라고 멘탈의 중요성을 강조했다.

TIP 4 국제심판이 되려면

국제심판이 되는 과정은 까다롭다. 기본 요건을 충족하는 것은 물론이고 영어 실력까지 겸비해야 한다. 김 심판은 심판이 되기로 결심한 직후부터 학원을 다니며 꾸준히 영어공부를 했다. 국제심판은 모든 경기에서 영어를 사용한다. 필기와 회화, 실기 등 기본 영어 시험을 통과해야 하는 만큼 영어는 반드시 해야 한다.

김 심판은 "외국 선수들을 상대할 때 영어로 설명해야 한다. 왜 내가 경고를 주는지, 왜 이게 반칙인지를 정확하게 알려줘야 한다. 경기 후에는 보고서를 영어로 작성해야 한다. 영어는 심판 판정 능력만큼이나 중요한 요소다. 아무리 심판 능력이 뛰어나도 영어를 못하면 국제심판이 되는 것은 불가능하다"라고 설명했다. 그렇다고 엄청난 수준의 영어 능력을 요구하는 것은 아니다. 김 심판은 "사용하는 말이 한정되어 있다. 주로 축구 용어를 쓰기 때문에 반복해서 하다 보면 하는 말을 많이 하게 된다. 판정에 대한 내 생각을 설명하고 표현할 수 있는 수준이면 된다"라고 덧붙였다.

국제심판으로 사는 것은 쉽지 않다. 특히 집을 비우는 시간이 많다는 게 애로사항이다. 주중, 주말을 가리지 않고 프로축구 경기에 나서는 와중에 국제 대회를 다니는 게 말처럼 간단한 일은 아니다. 당연히 가족에게 소홀할 수밖에 없다. 김 심판은 "가족에게 늘 미안하다. 다른 집은 주말에 나들이를 가지만 나는 그럴 수 없다. 그렇다고 평일에도 시간을 많이 낼 수는 없어 미안한 마음이다"라고 말했다.

MIXED ZONE

김 심판의

사례만 놓고 보면 심판은 꽤 할 만한 매력적인 직업인 것처럼 보인다. K리그1 주심을 고정적으로 보기 때문에 수입이 안정적이고 국제심판으로 당분간은 큰 걱정 없이 심판 일을 지속할 수 있기 때문이다. 하지만 그는 심판 중에서도 꽤 성공한 특별한 케이스라는 점을 알아야 한다. 그 자리에 가기까지 험난한 과정을 거쳐야 한다.

특히 금전적으로 여유가 없는 심판이 대다수다. 화려함 뒤의 고충을 무시할 수 없다. K리그1 심판으로 뛰어도 배달이나 자영업 등을 하며 생계를 유지하는 사람도 많다. K리그 팬 사이에서 꽤 유명한 일부 심판들도 크게 다르지 않다. 심판 일을 업으로 삼는 이도 있지만 금전 때문에 흔히 말하는 투잡을 뛰어야 하는 환경인 것이다.

앞서 소개한 대로 정신적 고통도 감수해야 한다. 오심을 하면 SNS 테러를 받기도 하고 언론에 이름이 오르내리기도 한다. 간혹 경기 후 팬이 위협적으로 길을 막아서는 봉변을 당할 때도 있다.

그래도 선수 출신, 비선수 출신 모두에게 열려 있다는 점에서 취업 가능성은 꽤 높다고 볼 수 있다. 자격증만 따고 실제로는 활동하지 않는 심판이 대다수인만큼 성실하게 바닥에서부터, 장기적 계획을 갖고 준비한다면 프로축구 심판 타이틀을 얻을 가능성이 있다는 것도 장점이다. 심판이 될 만한 체력과 정신력, 지적인 능력을 겸비하고 있다면 도전을 추천한다.

memo

정다워

항목	평가	점수
급여 수준	★★★★★★★☆☆☆ 심판마다 격차가 크다	7.0
취업 난이도	★★★★★★★★☆☆ 단계를 반드시 밟아야 한다 배고픈 시절을 견뎌내야	8.0
향후 전망	★★★★★★★★☆☆ 팀은 늘어나 경기 수도 함께 증가했다 수요는 분명히 있다	8.0
업무 강도	★★★★★★★★★☆ 체력, 정신적 관리를 평소에도 해야 한다	9.0
업무 만족도	★★★★★★★★☆☆ 아무나 할 수 없는 특수한 영역 심판 대부분 만족도가 높다	8.0

08

기자

/ 축구를 말과 글로 널리 전한다 /

JOURNALIST

업무 개요

국내외 축구 관련 기사 작성

급여 수준

연 3000만 원대 초중반
(스포츠신문사 기준)

필수 자격증

인터넷 매체는 1년에 1~2회 공채
스포츠신문사는 주로 경력직 채용
(수시 채용)

요구 어학 능력

번역 가능한 수준의 영어 능력

홈페이지

스페인어, 포르투갈어, 독일어,
프랑스어, 일본어, 중국어 등

우대 경력

스포츠 관련 명예기자 등

축구는 세상에서 가장 대중적인 스포츠다. 국제축구연맹(FIFA) 가맹국만 해도 211개국에 달한다. 국제연합(UN) 회원국(193개국)보다 많을 정도다. 우리나라에서도 마찬가지다. 프로스포츠(K리그)로 제한하면 축구가 가장 인기 있는 종목은 아니지만 대표팀 축구와 잉글랜드 프리미어리그, 스페인 라리가, 유럽축구연맹(UEFA) 챔피언스리그 등 유럽 축구의 인기는 최고 수준이라 해도 과언이 아니다.

그래서인지 야구기자, 농구기자, 배구기자가 되겠다는 사람에 비해 축구기자를 꿈꾸는 이들의 수가 표면적으로 확실히 많다. 2015년 『축구직업설명서』 출간 후 필자(정다워)는 축구기자를 지망하는 학생들로부터 많은 메일을 받았다. 축구기자가 일부에게는 여전히 선망하는 직업이라는 사실을 실감했다.

축구기자로 일할 수 있는 매체는 다양한 편이다. 스포츠지(스포츠서울, 스포츠조선, 일간스포츠, 스포츠동아, 스포츠경향 등), 통신사(연합뉴스, 뉴시스, 뉴스1)뿐 아니라 인터넷 매체(오센, 마이데일리, 스포티비뉴스 등), 여기에 축구전문지(스포탈코리아, 인터풋볼, 베스트일레븐, 포포투)까지 다양하게 존재하기 때문이다. 방송국의 경우 A매치나 월드컵 등 국제대회, 프로축구에서 매우 중요한 경기가 아니면 취재를 나가지 않기 때문에 축구기자라고 지칭하는데 무리가 따른다.

매체는 많지만 확실하게 채용 가이드라인을 제시하기는 어렵다. 스포츠지의 경우 신입사원 공개채용을 거의 하지 않는다. 신문사만 해도 이미 과거에 비해 규모나 매출이 줄어드는 추세라 폭 넓은 채용을 하지 못하는 경우가 대다수다. 대부분의 매체들이 결원이 나올 경우 경력직으로 업계 자원을 채용하는 방식을 반복하고 있다. 신입으로 스포츠지에 들어가려면 채용 타이밍이 잘 맞아야 하는데 이를 무작정 기다리는 것은 추천하지 않는다.

방송국이나 종합지, 통신사가 그나마 간혹 신입사원 공개채용을 하지만 이 매체들의 경우 축구, 나아가 스포츠 부서에서 일할 수 있다는 보장은 없다는 게 문제다. 개인에 따라 다르기는 하지만 사회부나 경제부 등 일반 부서를 거쳐 스포츠부에 들어가는 이도 적지 않다. 무조건 축구, 혹은 스포츠 기자를 하고 싶다면 일단 입사 후 기회를 노리는 수밖에 없다.

그나마 인터넷 매체, 특히 축구전문지에서 채용을 활발하게 하는 편이다. 축구를 전문으로 다루는 영역에 진입하고 싶다면 일단 축구전문지의 채용 공고를 유심히 살펴보는 것을 추천한다. 다만 자주 신입사원 공개채용 공고가 나는 것에 대해서는 생각해볼 지점이 있다. 그만큼 자주 사람이 나간다는 뜻이기 때문이다. 근무 환경이나 급여 등에서 불만족스러울 가능성이 매우 크다. 이것까지 감수할 의향이 있다면 축구전문지에서 커리어를 시작해 단계를 밟아가는 것도 방안이 될 수 있다. 축구전문지나 인터넷 매체에서 역량을 발휘하는 기자는 스포츠지의 영입 대상이 된다. 취재, 글쓰기 능력에 더해 인성, 사회성이 좋다는 업계 평가를 받으면 경력직 채용이나 추천 등을 통해 이직에 성공하기도 한다. 현재 신문사에서 활동하는 기자들 중 적지 않은 인원이 이 코스를 밟았다. 다만 과거에 비해 업무를 가르쳐주는 선배의 연차가 낮은 경우가 많아 기본기를 다지기 쉽지 않다는 게 업계의 문제로 지적된다.

스포츠지나 종합지 기자는 대부분 2개 이상 종목을 담당하게 된다. 축구의 경우 동계스포츠인 농구와 병행하는 이들이 많다. 회사에 따라 축구와 배구를 겸하기도 한다. 올림픽이나 아시안게임 등 국제 이벤트가 있을 경우에는 축구보다 일반 종목을 취재하는 데 집중하기도 한다. 말 그대로 전천후 플레이어가 되어야 하는 환경이다.

현재 우리나라에 남은 축구잡지는 베스트일레븐(월간)과 포포투(격월간)다. 두 매체만이 종이잡지의 명맥을 유지하고 있다. 베스트일레븐은 1970년 월간축구라는 이름으로 시작한 전통 있는 매체인데 지금도 잡지와 온라인을 통해 활발하게 콘텐츠를 생산하고 있다. 데일리로 온라인 뉴스를 작성하는 동시에 월간으로 잡지 마감까지 해야 하기 때문에 업무 강도는 꽤 높은 것으로 알려져 있다. 그래도 종이잡지의 매력과 로맨스를 아는 사람이라면 경험해볼 만한 매체라고 볼 수 있다.

과거에는 방송이나 신문사의 영향력이 절대적이었다. 그러나 최근에는 포털 사이트의 존재로 인해 매체 간의 경계가 줄어들고 있다. 물론 여전히 신문사, 특히 스포츠지를 우선으로 삼는 관계자들도 많긴 하지만 대중적으로 보면 인터넷 매채나 신문사나 큰 차이가 없어 보이는 게 사실이다. 결국 기자 개인의 역량에 따라 영향력이 달라진다고 볼 수 있다.

최근에는 기자의 역할이 기사를 작성하는 데 그치지 않고 유튜브 영역으로 확장되기도 한다. 스포츠조선의 〈볼만찬기자들〉이 대표적인 콘텐츠다. 지면의 영향력이 과거에 비해 크게 줄어들었고, 기사 역시 포털에 의존하는 환경이라 자체적으로 생산하는 유튜브 콘텐츠는 기자나 매체의 영향력을 판단하는 새로운 척도로 떠오르고 있다.

축구전문지 중에서는 풋볼리스트가 적극적으로 유튜브 콘텐츠를 생산해 승부를 보고 있다. 이로 인해 기사만 잘 쓰는 인력보다는 스피치나 영상 기획, 편집 등 다채로운 능력을 겸비한 인재를 찾는 매체도 늘어나고

있다.

금전적인 부분을 최우선으로 생각하면 공채를 통해 종합지나 통신사(연합뉴스), 혹은 스포츠지에 들어가는 게 최상의 시나리오다.

KEY PLAYER

정다워

전술, 전략 공부할 시간에 기자의 기본기부터 쌓는 것이 먼저다

정다워, 그는 기자는 전문가가 아니라고 이야기다. 축구 기자가 곧 축구에 대한 스페셜리스트인 것은 아니며, 사실 그렇게 될 수도 없다고 덧붙인다. 축구에 관심을 갖는 건 좋으나 전문가들의 영역인 전술, 전략에 매몰되지 말고, 기자의 영역인 취재와 기사 작성에 힘쓰고 매진하여 역량을 키우는 것이 바람직하다는 것이다. 기자는 하나의 현상도 다양한 시선에서 보고 다룰 수 있어야 하므로 제너럴리스트를 목표로 성장, 발전하는 것이 옳다고 믿는다.

FFF

필자의 경우 2012년 스포탈코리아에서 커리어를 시작했다. 이후 풋볼리스트(2013~2015), 포포투(2015~2017)를 거쳐 2018년 스포츠서울에 입사했다. 만으로 10년을 일하며 축구전문매체와 축구잡지, 신문사를 경험한 몇 안 되는 기자라고 볼 수 있다. 『축구 일을 너무 하고싶다』에서는 필자 본인의 경험과 식견을 바탕으로 축구기자가 되기 위해 필요한 것들을 살펴보려고 한다.

TIP 1 글쓰기 + 취재 능력

축구기자도 기자다. 결국 글쓰기 능력이 기본이 돼야 하는 직업이다. 축구를 아무리 좋아하고 관련 지식이 많아도 글로 풀어 쓰지 못한다면 기자의 기본을 다한다고 보기 어렵다. 논리적 글쓰기가 가능해야 한다. 과거에 비해 기자 직함을 다는 장벽이 낮아서인지 최근에는 전반적으로 기사의 수준이 떨어지는 경향이 있다. 인터넷 매체뿐 아니라 심지어 신문기자 중에서도 논리에 맞는 글을 쓰지 못하는 이들이 있다. 기본기를 어느 정도 갖춘 상태에서 일을 시작해야 기자로서 올바른 글쓰기를 할 수 있다. 글쓰기 방법에 대해서까지 자세하게 설명하기는 어렵지만 기자는 간단하고 명료하게, 그리고 초등학교 6학년 학생이 이해할 수 있는 수준으로 글을 쓸 수 있어야 한다는 것을 기본으로 깔고 가야 한다.

최근에는 포털 메인에 걸려야 한다는 강박 관념으로 인해 자극적인 표현을 마구잡이로 사용하는 기자들이 많다. 모두 그런 것은 아니지만 조회수에 따라 인센티브를 지급하는 매체가 늘어나면서 이 현상은 심화되고 있다. 포털 메인에 노출되는 것도 의미가 있지만 여기에 과도하게 집착하면 좋은 글을 쓰기 어려워진다.

필자의 경우 대학생 시절 학교 홍보팀에서 운영하는 웹진 기자로 활동한 경험이 있다. 다섯 학기 동안 웹진 기자로 일하며 기사를 작성하는 법을 배웠다. 아마추어였지만 당시의 활동 경험이 기자 일을 하는 데 큰 도움이 됐다고 생각한다.

독자 중 고등학생이나 대학생이 있다면 학교에서 기자 활동을 하는 것을 추천한다. 축구 외 영역이라 해도 기본적으로 취재와 글쓰기라는 기본적인 과정을 배울 수 있기 때문에 기자의 업무 패턴을 간접적으로 익힐 수 있다는 장점이 있다. 최근에는 명예기자 시스템을 운영하는 구단들도 많다. 기자가 되기 전 할 수 있는 가장 좋은 대외활동이라고 생각한다.

글쓰기에 앞서 기본이 되는 것은 취재다. 취재를 해야 글쓰기를 할 수 있다. 현장에서 인터뷰를 하거나 경기를 보는 것, 사건을 관찰하는 것, 혹은 TV를 통해 경기를 시청하는 것까지 취재의 영역에 들어갈 수 있다. 자신이 보고 느낀 것을 객관적 단어로 풀어 쓰는 과정을 끈임 없이 반복하는 게 바로 기자의 일이다.

TIP 2 스페셜리스트보다 제너럴리스트

기자는 전문가가 아니다. 기자는 사건이나 현상을 관찰하고 객관적 사실을 글로 옮겨 담는 존재다. 그런데 최근에는 축구 기자들이 과도하게 전술이나 전략에 매몰돼 스스로 분석하는 기사를 쓰는 경우가 많다. 그 내용을 전문가(감독, 코치, 선수 등)에게 물어보면 실제와는 전혀 다르거나 아예 반대로 해석했다는 평가가 나오기도 한다. 그만큼 기자가 전문가 행세를 하는 것은 위험한 발상이다. 겸손하게 사실만을 바탕으로 기사를 써야 한다는 마인드가 필요하다. 굳이 어려운 전술 이야기를 하고 싶다면 다수의 전문가로부터 검증을 거쳐야 잘못된 정보를 전달하지 않게 된다. 기자가 스페셜리스트가 되어야 할 이유는 없다는 의미다.

오히려 기자는 제너럴리스트의 성향을 갖춰야 한다는 게 개인적인 의견이다. 특정 분야 하나에 꽂혀 매몰되면 전체를 보지 못하게 된다. 세상은 복잡하고 많은 것들이 연결되어 있다. 기자는 하나의 현상을 다각도로 볼 수 있어야 좋은 글을 쓸 수 있다고 생각한다.

깊지 않더라도 다양한 영역에 관심을 두는 게 그래서 중요하다. 축구뿐 아니라 야구, 배구, 농구 등 다른 종목에 대한 상식을 갖추면 조금 더 밀도 있고 폭 넓은 글을 쓸 수 있게 된다. 애초에 축구전문지를 제외한 나머지 매체에서 일하면 당연히 다른 종목까지 커버해야 하기 때문에 한 종목만 파고드는 것은 지양해야 한다.

필자의 경우 축구로 기자 일을 시작했지만 현재는 축구와 배구의 비중이 거의 비슷해졌다. 배구 시즌에는 데일리 방송 프로그램에 출연하며 회사와 개인 일을 나눠 하고 있다. 신문사 이직 전부터 다른 종목에 관심을 두지 않았다면 빨리 적응하지 못했을 것이다.

나아가 스포츠뿐 아니라 정치, 사회, 문화 등 세상의 기준점이 어떻게 잡혀가고 있는지를 파악하며 사는 것을 선호한다. 결국 스포츠도 사회의 일부다. 포커스를 맞춘 대상이 작으면 작을수록 보는 세계도 그만큼 작아

진다. 좋은 기자는 일부보다 전체를 봐야 한다고 생각한다. 평소 축구, 스포츠뿐 아니라 사회 전반의 이야기를 다룬 기사나 글을 자주 보는 것을 추천하는 이유다. 학생이라면 또래의 고민과 관심사에 대해 파악하며 사는 것을 지향할 필요가 있다.

축구기자가 제너럴리스트로 살아야 할 명확한 이유는 또 있다. 축구를 다루는 영역이 매우 광범위하기 때문이다. 축구기자는 프로축구 K리그1, 2뿐 아니라 A대표팀, 올림픽대표팀, 심지어 20세 이하 대표팀까지 챙겨야 한다. 뿐만 아니라 최근에는 해외축구의 비중이 커지고 있는데 이 역시

다룰 게 너무나 많다. 특정 분야를 담당하며 전문가 수준에 도달하는 것도 좋지만 회사에서는 기자가 다양한 영역을 폭 넓게 다루기를 요구한다. 좁고 깊은 것보다 얇아도 넓게 발을 걸치는 게 일반적 기자의 덕목이다.

2022년 2월 경력직으로 후배 기자 한 명을 뽑았는데 배구전문지 더스파이크 출신이다. 배구기자인데 축구팀 인력으로 선발했다. 축구와 배구를 병행하는 포지션이다. 축구의 비중이 크다고 해서 굳이 축구전문지 출신 기자를 뽑지 않은 것도 앞에서 설명한 기자의 특성 때문이다. 다른 종목이라고 해도 스포츠 기자에 대한 이해도가 있고 자신의 업무를 충실히 한다면 경력직을 통해 여건이 더 나은 회사로 이직이 가능하다는 점을 참고해야 한다.

TIP 3 사회성은 기본, 진심을 담아 일해야

기자가 대중으로부터 '기레기'라는 표현을 듣는 게 이상하지 않은 시대다. 기자들조차 이 단어에 익숙해질 정도로 일반적으로 통용된다. 기자의 평판이 그만큼 땅에 떨어졌다는 의미로 받아들이고 있다. 지금까지 기자들이 살아온, 혹은 일해온 방식을 볼 때 어쩌면 당연한 수순이라는 생각을 할 때도 있다.

앞서 말했듯 스포츠는 사회의 일부고 기자도 그 안에 포함되어 있다. 그런데 적지 않은 기자에게서 사회성이 결여된 모습을 보게 된다. 기자 개개인의 인성 문제일 수 있지만 직업 환경 자체가 기자를 미성숙하게 만들기도 한다. 기자는 회사 밖에서 일하는 경우가 대부분이라 사회 초년병이 흔히 내부에서 겪는 사회화 과정을 거치지 않는 편이다. 일반적으로 신입사원은 선배의 눈치를 보며 회사생활을 하지만 기자는 그렇지 않다. 오히려 50, 60대 임원조차 기자 앞에서 "기자님"이라고 부르며 고개를 숙인다. 그래서인지 연차가 낮은 일부 기자들조차 예의 없이 행동하며 사는 모습을 보게 된다. 연차가 높은 기자의 경우 기사를 권력으로 활용해 자신의 사심을 채우기도 한다. 허위 사실을 과장하거나 취재원을 겁박하는 목적으로 기사를 쓰는 기자도 있다. 필자의 인간성이 훌륭하다고 자부할 수는 없지만 간혹 그런 모습을 보면 불편한 감정을 갖게 된다. 기자가 되어 개인의 권력을 쌓고 싶다는 생각보다 좋은 영향력을 미치고 싶다는 생각을 하길 바란다.

기자는 사람을 많이 만나는 직업이다. 기자 개인의 능력이나 성향에 따라 편차가 크긴 하지만 그래도 취재원을 다양하게 만나는 직업인 것은 분명하다. 새로운 사람을 만나 관계를 형성하는 과정을 모른다면 좋은 기자가 되기 어렵다. 취재원이 많은 기자들은 단독 기사를 많이 쓰기도 하는데 결국 사회성이 좋고 신뢰를 받는 사람이 좋은 정보를 많이 모으게 된다.

스포츠기자의 경우 특히 애정을 갖고 취재하는 이들이 많다. 형식적으로 마지못해 일하는 사람보다는 확실히 진심을 담아 일하는 기자로부터 좋은 기사가 나온다. 축구에 대한 애정이 크다면 그만큼 다양하고 재미있는 기사를 쓸 수 있을 것이다. 좋아하는 만큼 더 많이 보이기 마련이다.

INJURY TIME

과거에는 매체에서 기자를 특파원으로 보내 현지 취재를 담당하게 하는 경우가 많았다. 특히 잉글랜드에서 박지성이 뛰던 시절에는 상주는 아니더라도 출장을 통해 주요 경기를 취재하는 사례가 빈번했다. 하지만 최근에는 해외 출장에 인색한 분위기가 됐다. 출장에 쓰이는 비용이 실제 매출로 상환되지 않는다는 회사의 입장 때문이다.

이에 대한 대안으로 떠오른 게 통신원 제도다. 현지 유학생이나 교민을 통신원으로 활용해 잉글랜드 프리미어리그나 스페인 라리가 등을 취재하게 하고 여기서 얻은 정보를 바탕으로 기사를 작성하는 시스템이다. 이 제도 덕분에 손흥민의 육성 인터뷰를 따고 현지 분위기를 더 상세하게 파악할 수 있게 됐다.

축구 문화가 발달한 유럽으로 유학, 어학연수를 떠나는 학생이라면 언론사로 직접 메일을 보내 통신원으로 활동할 기회를 얻는 것을 추천한다. 수요에 비해 공급이 많지 않아 매체에서도 환영할 가능성이 크다. 현지에서 직접 글을 쓰면 한국에 있는 기자가 글을 받아 교정을 봐주기도 하기 때문에 글쓰기 능력까지 키우는 두 마리 토끼를 잡을 수 있다. 매체에 따라 교통비, 취재비를 지급하는 만큼 용돈벌이까지 할 수 있다는 장점이 따른다.

아시안컵이나 연령별 대표팀 대회에 가면 흔히 만날 수 있는 게 바로 일본 프리랜서 기자들이다. 일본은 축구 문화가 한국에 비해 압도적으로 발달한 나라다. 축구 중계를 유료로 보는 문화가 이미 정착되어 있고, 축구 기사를 볼 수 있는 채널도 상대적으로 많다. 한국은 포털에 의존하지만 일본은 신문이나 잡지 등이 여전히 살아 있는 나라다. 프리랜서 기자들은 자비로 취재를 떠나고 이를 원고료로 충당한다. 최근에는 코로나19로 인해 해외 출장을

통신원과 프리랜서 기자에 관하여

가지 못했지만 2019년 폴란드에서 열린 U-20 월드컵에서 프리랜서 신분으로 대회를 찾은 일본 기자를 많이 만날 수 있었다.

한국은 다르다. 한국은 대형 신문사조차 포털에 의존한다. 기사를 읽는 독자 대부분이 포털을 통해 기사를 본다. 현재 포털에 개인 자격으로 글을 쓰는 기자는 없다. 축구기사로 돈을 벌어먹고 살 수 있는 환경이 아니다.

기자 출신 중에서는 서호정, 김환 해설위원 정도가 자신의 길을 개척한 케이스다. 두 사람 모두 일간스포츠 기자 출신인데 지금은 해설위원으로 더 활발하게 활동하고 있다. 메이저 언론사 경험에 다양한 활동 경험, 개인 역량으로 현재 자리에 올라간 사례로 볼 수 있다. 매체 경험이 없는 사람이 프리랜서 기자로 일할 수 있는 확률은 사실상 제로에 가깝다고 봐야 한다.

MIXED ZONE

축구기자를 하고 싶다는 후배들이 많았다. 그럴 때마다 현실을 이야기하며 만류했지만 결론적으로 "하고 싶으면 해봐라"라는 답을 줬다. 말려도 어차피 하고 싶은 마음이 있으면 시도하기 때문이었다.

나름대로는 축구기자의 매력을 만끽하며 살고 있다. 만으로 10년이 됐지만 여전히 일이 재미있다. 필자가 다니는 스포츠서울의 경우 출근을 강요하지 않는다. 일반 직장인들이 겪는 교통체증, 지옥철에서 자유로울 수 있다는 장점이 있다. 잘만 적응하고 활용하면 삶의 질은 괜찮게 꾸려갈 수 있다.

며칠씩 지방 출장을 가는 것도, 때로는 해외 출장을 떠나는 것도, 많은 사람을 만나며 다양한 이야기를 듣고 보는 것도 아직 지루하지 않다. 일각에선 축구계 유명 인사를 만나 친분을 쌓는 것을 동경하기도 하는데 필자는 그쪽으론 큰 의미를 두지 않는다. 인위적으로 관계를 만들기 위한 노력도 하지 않는 편이다.

단점을 단점으로 느끼지 않을 수 있다면 이 일을 추천한다. 기본적으로 기자는 남들이 쉴 때 일하고 남들이 일할 때 쉬는 직업이다. 새벽에 일어나 손흥민 경기를 보며 기사를 쓸 때도 있다. 월드컵을 온전히 즐기지 못한 채 일로 받아들이게 된다.

대기업에 비하면 연봉도 낮은 편이다. 필자는 신문사에 들어간 후에야 일반 직장인 수준의 연봉을 받게 됐다. 인터넷 매체나 축구전문매체의 연봉은 여전히 매우 낮은 수준이다. 이를 감수하지 못한다면 축구기자를 오래 하지 못할 가능성이 높다. 원론적인 결론이지만 결국 개인의 판단이 가장 중요하다. 기자는 누가 추천한다고 할 일도, 하지 말라고 해서 포기할 일도 아니다.

memo

정다워

항목	별점	평가	점수
급여 수준	★★★★★★☆☆☆☆	매체마다 천지 차이	6.0
취업 난이도	★★★★★★★☆☆☆	인터넷 매체로 눈을 낮추면 그나마 길이 있다	7.0
향후 전망	★★★★★★☆☆☆☆	언론 생태계는 갈수록 험난하다	6.0
업무 강도	★★★★★★★☆☆☆	기자 개인에 따라 강도는 다르지만 남들이 쉴 때 일하는 게 쉽지만은 않다	7.0
업무 만족도	★★★★★★★☆☆☆	남들과 다른 삶을 살고 싶다면	7.0

09

포토그래퍼

/ 아름다운 플레이도 더티한 플레이도 렌즈 안에서는 의미가 있다 /

PHOTOGRAPHER

업무 개요

K리그, 국가대표 경기 및
축구 관련 각종 행사 사진 촬영

급여 수준

연 3000만 원대 초중반
(국내 스포츠신문사 기준)

채용 방식

각 언론사, 또는 에이전시에 따라
상시 채용

우대전공

사진, 영상

필수자격증

운전면허증

우대 경력

사진 관련 대외활동

취재기자가 글로 말한다면, 사진기자 혹은 포토그래퍼는 사진으로 말한다. 사진기자와 포토그래퍼는 다르다. 사진기자는 보도용 사진을 찍는 사람이다. 보편적인 기준에서 볼 때 독자가 해당 상황을 가장 쉽게 이해할 수 있도록 사진으로 돕는 역할을 한다. 개인적인 성향이나 실력이 반영되는 것은 당연하지만 지나치게 예술적이거나 난해한 것보다 일반적 정서에서 통용될 만한 사진을 찍는 게 주요 업무다. 사진 설명을 직접 작성하고 때로는 사진을 활용한 에세이 성격의 기사를 쓰기도 한다. 반면 포토그래퍼는 조금 더 창의성이 도드라지는 축구 사진을 촬영한다. 따로 사진을 설명하는 텍스트를 직접 쓰지도 않는다.

사진기자가 소속되는 언론사는 다양하다. 일반 취재기자와 다르지 않다. 연합뉴스나 뉴시스, 뉴스1 등 통신사를 비롯해 조선일보, 중앙일보, 동아일보 등의 종합지, 여기에 스포츠서울, 스포츠조선, 스포츠동아 등 스포츠전문지, 마이데일리나 오센 등 온라인 매체 등에 속해 있다.

언론사 사진기자는 축구 사진만 찍지 않는다. 취재기자의 경우 어느 정도 종목을 분류해 담당 파트를 구분하지만 사진기자는 여러 영역을 오간다. 스포츠뿐 아니라 연예 분야까지 커버하기도 한다. 명확하게 '축구사진기자'라고 표현하기 어려운 이유다.

최근에는 대부분의 언론사가 사진기자를 채용하지 않는 분위기로 흘러가고 있다. 사진보다 영상 수요가 많기 때문에 신문사에서도 온라인 콘텐츠 강화를 위해 사진이 아닌 영상기자를 채용한다. 축구전문매체에서도 사진기자를 거의 보유하지 않고 있다. 연합뉴스 등의 에이전시를 통해 사진을 제공받을 수 있기 때문에 직접 사진을 소유해야 한다는 개념이 점점 희미해지고 있다. 이로 인해 신입 공채는 물론이고 경력직으로도 사진기자가 되는 길은 점점 어려워지고 있다. 채용 자체를 하지 않으니 불가능에 가깝다는 말도 과장은 아니다.

축구를 전문적으로 찍는 포토그래퍼는 상대적으로 늘어나는 추세다. 국내 유일의 축구사진 에이전시인 FA photos는 여전히 활발하게 축구계에서 활동하고 있다.

이밖에 각 구단 명예기자, 혹은 사진 제공을 위해 프리랜서로 활동하는 포토그래퍼도 적지 않다. 지금이 영상의 시대인 것은 분명하지만 사진 수요는 여전히 존재한다.

COUPANG PLAY SERIES
쿠팡플레이 시리즈

KFA
PHOTO

곽동혁

축구도 사진도 체력이 밑받침되어야 좋은 결과를 남길 수 있다

곽동혁, 그는 처음부터 오직 축구 사진만을 찍는 풋볼 포토그래퍼로 커리어를 시작하는 건 쉽지 않다고 말한다. 연맹 혹은 구단의 명예 사진기자로 경험을 쌓으면서 훗날 있을 기회를 스스로 마련하는 것이 좋고, 축구보다는 사진에 무게중심을 두고 활동하는 것이 이 일을 오래 지속할 수 있는 힘이 된다고 덧붙인다. 또한 혼자 무거운 장비를 들고 장시간 이동해 사진을 찍는 일은 체력적으로 정말 힘든 일이기에 철저한 관리와 준비가 필요하다고 강조한다.

FA photos는 베스트일레븐, 스포탈코리아 등에서 사진기자로 활동했던 이완복 대표가 만든 회사다. 현재 대한축구협회, 한국프로축구연맹 오피셜 포토 에이전시다. 협회에서 주관하는 A매치와 해외원정, 훈련, 혹은 행사 사진을 담당한다. 연령별 대표팀이나 초중고대학리그, WK리그, K3~K7, FA컵까지 거의 모든 대회를 커버한다. 여기에 K리그 경기와 동계훈련, 이벤트 사진까지 모두 책임진다. 대한민국 축구 현장에는 웬만하면 FA photos가 있다고 보면 된다.

포토그래퍼 곽동혁 팀장은 이 회사에서 2016년부터 일한 7년차 베테랑 사진 작가다. 곽 팀장의 이력은 조금 독특하다. 고려대에서 생명공학을 전공했던 그는 2012년부터 2015년까지 포항공대 산학협력단에서 교직원으로 일했다. 흔히 말하는 안정적인 '철밥통' 직업을 뒤로 하고 노선을 변경한 이력의 소유자다. 곽 팀장의 이야기를 통해 사진기자, 혹은 풋볼 포토그래퍼로 일할 수 있는 힌트를 찾아보자.

축구를 좋아하게 된 특별한 계기가 있을까요?

포항에서 자란 탓에 자연스럽게 K리그를 접할 수 있었어요. 아버지와 함께 종종 스틸야드를 찾았고 그때부터 축구에 흥미를 가졌습니다. 공 차는 걸 보는 것도, 직접 축구를 하는 것도 즐기게 됐고요. 어린 마음으로는 당시 포항 스틸러스에 국가대표급 선수들이 많았기 때문에 더 쉽게 마음을 빼앗겼는지도 모르겠습니다. 동네 대형 목욕탕에 가면 훈련을 마치고 씻으러 온 황선홍, 홍명보 선수를 마주칠 때가 있었는데 그 기억들이 아직도 신기하고 재미있어요. 축구를 좋아하게 된 이유에는 제 어린 시절에 대한 추억, 지역적인 연대감, 축구라는 종목이 가진 멋 등등이 다 섞여 있는 듯합니다.

사진은 어쩌다 찍게 됐는지요?

오래 전, 집에 아버지가 당시 한 달 월급을 주고 사셨다는 니콘 FM2 카메라가 있었어요. 중고등학생 시절 카메라와 사진에 관심이 생겼고 아버지께 "제가 찍어볼게요"라고 하는 순간이 늘어났습니다. 그 흥미가 이어져 군대 생활을 할 때에도 가능할 때마다 사진을 찍었어요. 의무소방대원으로 소방서에서 근무했는데 군 생활 중반기에 행정부서에서 일하게 되면서 소방서의 다양한 행사를 사진으로 찍어 홍보하는 역할을 담당하게 됐고, 전역 후 대학교 신문사 사진부에 들어가면서 본격적으로 사진을 찍게 됐습니다. 대학교 신문사에 3학기 동안 일하면서 해외기획취재, 인터뷰 등 다양한 촬영 경험을 쌓았고, 사진전도 열었습니다. 이후 사진과 관련 없는 직장생활을 하면서도 계속해서 개인적인 사진 활동을 했어요. 인디 가수의 음반 커버 작업도 했고, 이런저런 페스티벌에서도 촬영을 맡았습니다.

현 회사에 취업하게 된 계기는요?

돌고 돌아 다시 포항에서 직장생활을 하게 됐어요. 포항공대에서 교직원으로 근무했는데, 당시 한국프로축구연맹에서 운영하는 명예기자(사진 담당)에 지원하였고 연고지였던 포항과 경상도권의 K리그 경기들을 촬영하게 되었습니다. 그게 본격적으로 축구 사진 촬영을 시작하게 된 계기라고 할 수 있을 것 같아요. 2013년부터 2014년까지 2년 간 주중 경기는 퇴근 후 촬영하러 갔고, 주말 다른 지방 경기는 그냥 여행하듯이 즐겁게 다녔습니다. 아무래도 포항 스틸러스 경기를 가장 많이 찍었는데, 유례없는 더블 우승을 달성한 2013년 모습도 사진으로 많이 남길 수 있었어요.

몇 년 후 다니던 회사를 그만두고 대학원에서 사진을 정식으로 공부하게 되면서 이 기록들을 묶어 하나의 콘텐츠로 만들어봐야겠다고 결심했습니다. 결국 포항 스틸러스의 2013시즌을 한 권의 책으로 정리해 출판했고 이 책을 통해 FA photos 대표님과 연이 닿아 축구 사진을 업으로 시작하게 되었습니다.

안정적인 직업을 뒤로하고 축구계에 넘어온 특별한 이유가 있다면요?

이전 직업이 어떤 면에서는 안정적이지만, 다르게 생각하면 결코 그렇지 않을 수도 있다는 사실을 알게 되었습니다. 고민 끝에 제가 무엇을 하고 싶은지, 어떤 일에 가치를 두고 있는지 명확히 알 수 있었어요. 결국 저는 사진 일을 하고 싶었던 거였고, 사실 축구계로 왔다는 표현보다는 사진계로 왔다는 표현이 더 정확한 말인 것 같습니다. 사진을 하는데 축구가 대상인 셈이죠.

현재 FA photos에서 어떤 일들을 하고 계신가요?

먼저 한국프로축구연맹과 K리그를 위해서는 시즌 전 동계훈련부터 프로필, 각종 미디어 행사, 1주일에 2~3회씩 열리는 경기(K리그, K리그 주니어, AFC 챔피언스리그) 등을 촬영합니다. 대한축구협회를 위해서는 다양한 연령대, 더 넓은 범주의 리그 및 대회 촬영을 합니다. 연령별 대표팀 훈련 및 대회 경기, 초중고리그, WK리그, U리그, K3~K7, FA컵 등의 주요 경기, 각종 이벤트 및 미디어행사 등이 있어요. 축구경기가 한창 열리는 3~11월 기준으로 일주일 중 2~3일은 경기 촬영을 위한 출장을 가고, 1~2일은 각종 행사 등 경기 외 촬영을 한다고 보면 됩니다. 촬영은 실제 찍는 시간 외에 사진을 선택하고 보정하는 후작업, 데이터를 업로드, 보관하는 일까지 모두 포함합니다.

대표팀 안에 들어가서 스태프로 일하는 건 풋볼 포토그래퍼로서 더 특별한 경험인가요?

대표팀의 스태프로 들어가 촬영을 할 때는 아무래도 더 조심스러운 게 사실입니다. 선수들의 심리 상태나 컨디션 유지에 방해가 되지 않으려 노력하기 때문이죠. 그 와중에도 사진은 대표팀의 이미지를 형성하는 중요한 매개체이므로 더 멋지게 표현하려고 애를 씁니다. 선수들과 가까이 호흡하면서 같은 감정의 결을 가지고 기쁨과 성취, 아쉬움을 함께 나누는 일이라 더 특별하게 느껴집니다.

포토그래퍼라는 직업의 장점, 단점은 어떤 게 있을까요?

축구를 좋아하는 저 같은 사람에게는 축구를 가까이 들여다볼 수 있다는 점에서 더할 나위 없이 좋죠. 사진을 좋아하는 사람들에게 다양한 모습과 감정의 피사체가 끊임없이 존재한다는 것만큼 좋은 게 없는데, 축구 경기나 선수들을 촬영하는 것이 그런 기쁨입니다.

단점이 있다면, 체력적으로 많이 힘들다는 겁니다. 사진은, 한 여름에도 밖에서 땀을 뻘뻘 흘리면서 일해야 하는 육체노동에 가까운 일이에요. 한 주에 2~3일을 그런 식으로 일하는 게 절대 쉬운 일이 아닙니다. 휴일이나 휴가가 고정적이지 않다는 것도 단점이고요. 보통 남들 쉴 때 일하고 남들 일할 때 쉬는 편입니다. 꼭 사진뿐만 아니라 이 축구 쪽에서 일하는 분들은 다들 비슷할 거예요. 더불어 장비의 관리가 어렵다는 것도 큰 스트레스입니다.

직업 만족도를 점수로 표현한다면요?

그래도 80점 이상은 되는 것 같습니다. 궂은 날씨에도 어딘가에서 열리는 누군가의 모든 것을 건 경기를 목격하러 가는 것의 매력은 상당합니다. 뭐랄까 이런 강제된 성실함이 좋은 사진을 찍는 원동력이 됩니다. 좋은 사진을 찍을 수 있는 확률이 높다면, 사진을 촬영하는 사람들의 직업 만족도도 높다고 봐야 할 것 같아요.

많은 매체에서 이제 사진기자는 뽑지 않은 추세인데, 지망생들에게 해주고 싶은 이야기가 있을까요?

저도 일반적인 사진기자 채용을 통해서 이 일을 하게 된 것은 아니어서 구체적으로 말하기는 어렵지만, 계속해서 이 일을 하면서 항상 생각하는 지점이 있습니다. 사진과 축구, 둘 중에서 그래도 사진 쪽에 더 무게중심을 두고 축구를 바라보겠다는 것이에요. 축구계에 종사하는 직업이기도 하지만, 결국 사진기자나 포토그래퍼는 사진이 특기인 직업입니다. 관련된 일도 사진적인 시선으로 바라볼 때 더 많은 이야기를 남길 수 있는 좋은 콘텐츠를 생산할 수 있다고 봅니다.

MIXED ZONE

앞에서 설명한 대로 공식적인 절차를 밟아 사진기자, 포토그래퍼가 되는 길은 사실상 사라졌다. 아주 좁은 문을 뚫기 위해서는 스스로 길을 개척하는 수밖에 없는 상황이다. 확률은 낮지만 방법이 없는 것은 아니다. 곽동혁 팀장이 일한 명예기자를 거쳐가는 게 대표적인 케이스다. 연맹이나 구단의 명예기자로 일하면 일단 이 업계에 발은 들이는 것과 다름이 없다. 여기서 성실하고 감각 있게 실력을 보인다면 관심을 끌 수 있다. 사진을 향한 수요는 분명 존재한다. 과거에 비해 각 구단은 사진 콘텐츠에 더 많이 신경 쓰는 편이다. 드물지만 직접 사진기자를 고용해 퀄리티 높은 사진을 확보하기 위해 투자하는 곳도 있다. 운이 좋으면 프리랜서로 일할 길도 열린다. 관건은 실력이다. 곽 팀장처럼 시선을 사로잡는 사진을 찍을 수 있다면 업으로 삼는 것을 도전해도 좋다.

그를 비롯한 업계 관계자들의 이야기를 들어보면 축구 자체보다 사진에 집중하는 게 도움이 된다고 한다. 사진 실력을 키우기 위해 농구, 배구 등 다른 종목 사진을 찍어 보는 것도 추천한다.

체력은 필수다. 카메라 등 사진 장비는 생각 이상으로 무겁다. 한 여름, 기온 30도, 습도 80%를 넘는 극한의 상황에서도 집중력을 유지하고 사진을 찍어야 한다. 축구

는 템포가 빠른 스포츠다. 찰나를 놓치면 가장 중요한 한 컷의 사진을 하늘로 날리게 된다. 실제로 사진기자들은 결정적인 사진을 찍지 못하고 놓쳤을 때 '물을 먹었다'라고 표현하며 중대한 실수로 분류한다. 사진 실력도 중요하지만 이를 발휘할 수 있는 체력이 뒷받침돼야 한다.

운전면허증도 필수다. 사진기자의 대다수, 사실상 100%가 직접 운전해서 전국 곳곳을 누빈다. 운전에 능숙해야 한다는 뜻이다.

memo

정다워

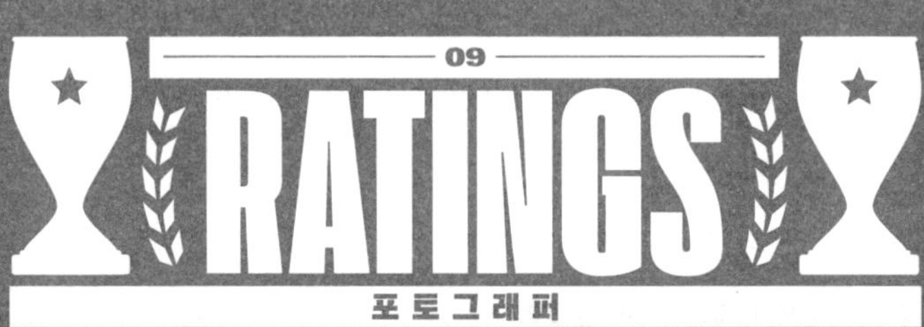

항목	평가	점수
급여 수준	★★★★★★★☆☆☆ 언론사, 회사마다 다르다. 프리랜서로 일할 수도	7.0
취업 난이도	★★★★★★★★★☆ 매우 좁은 문	9.0
향후 전망	★★★★★★☆☆☆☆ 취업도 어렵고, 개인으로 일하기도 쉽지 않다	6.0
업무 강도	★★★★★★★☆☆☆ 강인한 체력이 요구되는 직업	7.0
업무 만족도	★★★★★★★★☆☆ 렌즈에 셀럽을 담는 특별함	8.0

10

캐스터

/ 축구만 하는 캐스터는 없다. 축구를 하는 캐스터가 있을 뿐 /

CASTER

업무 개요

스포츠 중계방송을 통해
시청자들에게 정보를 전달하는 일

급여 수준

연봉 3000만 원대 중반
(저연차 프리랜서 경우 1경기당 10~20만원)

채용 방식

결원시 공채
(스포츠 채널 기준)

요구 어학 능력

영어

우대 경력

방송 경력

스포츠 중계방송에 목소리를 입혀 정보를 전달하는 사람을 캐스터라 부른다. 다소 밋밋할 수 있는 스포츠에 긴박감을 불어넣는 역할을 한다. 경기를 보는 데 있어서 도움이 되는 정보를 전달하거나 해설위원의 전문성을 자연스럽게 이끌어내는 게 주된 업무다. 우리가 편의상 축구 캐스터라고 부르지만, 실제로 축구만하는 캐스터는 없다. '스포츠 캐스터 가운데 주로 축구를 하는 캐스터' 정도가 있을 뿐이다.

스포츠 중계도 결국 방송의 한 종류일 뿐이다. 그래서 방송국에서는 스포츠에 해박한 사람보다는 방송을 잘하는 인물을 선호한다. 배성재(프리랜서), 신승대(MBC스포츠플러스)가 대표적인 축구 캐스터로 알려져 있으나 이들도 다른 종목을 자주 중계한다. 배성재 캐스터는 올림픽 중계 경험이 풍부하다. 신승대 캐스터는 최근 당구 중계를 전문으로 한다. 이처럼 좋은 캐스터가 되기 위해선 다양한 종목을 중계할 수 있어야 한다. 특히 스포츠 전문 방송국에 소속돼 월급을 받고 있는 캐스터라면 다양한 종목을 해야만 한다. '나는 축구가 너무 좋아서 축구만 하고 싶다'는 마인드면 도태되기 딱 좋다. 프리랜서의 경우엔 수익을 포기하면 축구만 할 수 있긴 하다. 그러나 한 종목만 하겠다는 프리랜서 캐스터는 본 적이 없다.

목소리가 스포츠와 어울리는 건 타고 나야 한다는 의견이 지배적이다. 스포츠 중계에서는 목소리가 꾀꼬리처럼 좋을 필요가 없다. 종목의 분위기와 잘 어울리면 된다. 개성있는 목소리 보다는 부담없이 편안한 목소리에 자연스로운 발성이 좋다.

스포츠에 대한 기초적인 지식은 기본이다. 다만 스포츠만 알고 있는 사람보다 사회, 경제, 문화 등 다양한 지식이 있는 인물이 더 낫다.

스포츠 캐스터 지망생들이 가장 신경 쓰는 게 외모다. 아예 중요하지 않다고 할 수는 없으나 큰 부분은 아니다. 뛰어난 외모를 가진 캐스터 보다는 평균적인 외모의 캐스터들이 더 많다. 게다가 스포츠 중계 특성상 얼굴이 많이 나오지 않는다. 생중계 앞뒤로 길어봤자 3분 정도 나오기 때문에 외모를 가꾸는데 많은 노력을 할 필요는 없다.

그렇다면 어느 정도 기간을 잡고 도전해야 할까? 방송 업계 취업은 오래 준비한다고 해서 합격률이 올라가지 않는다. 많은 현직 캐스터들의 의견을 종합해본 결과 2~3년 정도 도전해보는 걸 추천한다. 도전하다 보면 길이 보일 수가 있다. 그러나 2~3년을 도전했는데도 불구하고 작은 중계의 기회조차 얻지 못한다면 포기하고 다른 길을 찾는 게 낫다.

스포츠 캐스터가 되는 방법은 세 가지 정도다. 첫 번째는 지상파 방송국 아나운서로 입사해 스포츠 중계 분야로 빠지는 길이다. 현재로서는 가장 어려운 방법이다. 일단 입사 자체가 쉽지 않고, 들어가도 스포츠를 맡는다는 보장이 없다. 배성재(전 SBS), 최승돈(KBS), 김정근(MBC)처럼 지상파 스포츠에서 이름을 알린 케이스도 있긴 하다. 그러나 스포츠만 할 수 없다. 뉴스, 예능, 교양방송도 소화해야하는데 그 와중에 스포츠에 개인적인 시간을 할애하여 꾸준히 전문성을 기르기는 쉽지 않다. 지상파에서 스포츠 중계를 하는 빈도수가 줄어들고 있다는 점도 기억해야 한다.

두 번째는 스포츠 전문 채널로 입사하는 방법이다. MBC스포츠플러스, SBS스포츠, KBSN스포츠, JTBC 골프&스포츠, SPOTV, IB스포츠 등이 대표적이다. 이곳에 입사하면 스포츠 중계만 할 수 있다. 그러나 규모가 지상파처럼 큰 편이 아니며 뽑는 인원도 소수다. 정기적으로 공채를 진행하지 않는 편이다. 한 개의 채널에서 중계할 수 있는 스포츠 경기 수는 어느 정도 정해져 있기 때문에 결원이 생기지 않은 이상 신규 채용을 할 이유가 없다. 급한 경우 프리랜서 캐스터도 쓸 수 있기 때문에 공채는 점점 사라지는 추세다.

세 번째는 비정규직으로 시작하는 경우다. 일반적으로는 '더빙 캐스터'라는 이름으로 뽑는다. 야구의 경우 하이라이트 프로그램이 중요하기 때문에 더빙 위주로 방송을 하는 캐스터를 구하는 경우가 많다. 배정받은 경기가 있을 때만 출근하는 방식이다. 야구가 끝날 때까지 기다렸다가 더빙을 하고 온다. 얼굴을 알릴 기회는 거의 없다고 보면 된다. 일단 야구 더빙 캐스터로 시작해서 기회를 넓혀간 다음 정식 중계 기회를 노려보는 게 현실적인 방법이다. 비정규직이더라도 선배 캐스터들에게 어느 정도 트레이닝은 받을 순 있다. 프리랜서 캐스터를 하다가 계약직 캐스터가 되고, 여기서 두각을 나타내면 정규직까지 가는 경우도 가끔 있다.

비정규직을 제외하면 채용 과정은 비슷하다. 서류 전형을 통과하면 곧바로 카메라 테스트를 한다. 여기서 많은 인원이 걸러진다. 카메라 앞에서의 모습을 평소에 얼마나 모니터링하고 단점을 보완하려고 노력했는지가 관건이다. 떨지 않고 여유롭게 테스트 방송을 진행한 다음에는 필기 시험, 실무진 면접, 임원 면접 등이 기다리고 있다. 기준은 천차만별이다. 채널마다 선호하는 캐스터상이 다르기 때문이다. 그러나 기존에 활약하고 있는 캐스터들의 성향을 보면 채널의 채용 방향도 알 수 있다. 이미 방송국에 있는 목소리, 겹치는 이미지의 인물은 채용하지 않을 확률이 높다.

김용남

축구를 맡는 캐스터가 되려면 다른 종목에 대한 이해와 경험도 필요하다

김용남, 그는 남들 앞에서 말하기를 좋아하지 않는 사람이라도 캐스터 일에 도전할 수 있다고 말한다. 하지만 꾸준히 사람들 앞에서 이야기해보려고 노력해야 나아질 수 있다고 덧붙인다. 처음부터 축구 중계를 맡는 스포츠 캐스터를 꿈꾸는 건 어려운 일이지만, 잘 맞는 학원을 찾아 기본을 다지고 열심히 공부하며 방송 경험을 쌓으면 가능성을 높일 수 있을 거라고 조언한다. 단, 축구 중계만 하는 캐스터는 없다는 걸 명심하고 가능한 많은 종목을 철저히 준비해야 한다.

그는 전 SPOTV 캐스터다. 퇴사 전까지는 주로 축구 캐스터로 활약했다. 김용남 캐스터의 이야기를 들어보게 된 이유는 비교적 늦은 나이에 준비를 시작했으며, 애초에 캐스터와 어울리는 성격도 아니었기 때문이다. 소극적이고 수줍음이 많았던 김용남 캐스터는 어떻게 방송 업계로 들어오게 됐을까?

언제부터 캐스터라는 직업에 대해 생각하게 됐나요?

2012년쯤이었습니다. 상병에서 병장으로 넘어갈 때였죠. 군대에서 다 같이 모여 스포츠 중계를 봤습니다. 그때 캐스터가 시원한 샤우팅을 하더군요. 캐스터의 목소리에 따라 군인들이 소리를 지르거나 아쉬워했습니다. 캐스터의 능력으로 인해 스포츠에서 느낄 수 있는 희로애락이 더 극대화된다고 생각했습니다. 그래서 20대 중반이 되어서야 캐스터라는 직업에 대해 알아보기 시작했습니다.

기계공학과 출신으로 알고 있습니다.

고등학교 때 잠시 라디오 PD에 대해 생각해 본 적은 있지만 결국 이과를 선택했습니다. 편입을 통해 기계공학과로 진학하고 나서는 관련된 회사로 취직할 생각을 했습니다. 그런데 군 전역 이후 뒤늦게 캐스터를 알아보기 시작했습니다. 주위의 반응은 '왜?' '네가?' '굳이 지금?' 등 이해되지 않는다는 식이었습니다.

주위 분들은 왜 그랬을까요?

사실 저는 어릴 때부터 사진 찍히는 걸 싫어할 정도로 부끄러움이 많았습니다. 한마디로 '극샤이(극도로 수줍은 사람)'였습니다. 심지어 가족사진에 제가 없는 경우도 많았습니다. 같은 반 여자 아이가 앞에 지나가고 있으면 마주치기 싫어서 기다렸다가 가는 경우도 있었습니다. 너무나도 내향적이었습니다. 부모님마저도 캐스터를 준비한다고 하니 '저러다 말겠지'라고 생각하셨습니다. 그래서 다들 제 결정에 놀랐던 것 같습니다.

언제 캐스터를 할 수 있겠다는 생각이 들었나요?

편입 이후 초반에는 학교에 적응하지 못해 자퇴까지 생각했습니다. 그러나 주변의 만류로 학교를 다니긴 했지만 쉽지 않았습니다. 그래서 돌파구를 찾아보겠다며 학교 외부의 일을 알아봤습니다. 그러다 편입학원 조교로 일을 하게 됐습니다. 원장 선생님의 보조 강사 역할을 했습니다. 제가 보충 학습 느낌으로 학생들을 가르쳤는데 많은 사람들 앞에서 이야기해본 게 그때가 처음이었습니다. 처음에는 벌벌 떨었습니다. 그래도 그만두기 전에는 나름 자신감 있게 사람들 앞에서 이야기할 수 있게 됐습니다. 이때 자신감이 생긴 것 같습니다.

보통 캐스터들은 어릴 때부터 말을 잘하거나 말하기를 좋아하는 경우가 많던데.

맞습니다. 그러나 다 그런 건 아닙니다. 저 같은 사람도 결국 캐스터가 됐으니까요. 캐스터가 되고자 하니까 조금씩 변하기 시작했습니다.

그럼 준비는 어떻게 시작했나요?

대학교 4학년 때인 2013년 여름 휴학을 하고 학원을 갔습니다. 처음에 간 학원에서는 냉정히 말해 제대로 배우지 못했습니다. 경험 삼아 일명 '찍먹'만 해보려는 사람들이 굉장히 많았습니다. 8명으로 시작했던 종합반은 결국 2명만 남게 됐고, 잘 배울 수 있는 분위기가 조성되지 못했습니다. 그래서 학원을 잘 찾아봐야 한다고 생각합니다. 무작정 그 학원이 합격생을 많이 배출했다고 해서 좋은 학원은 아닙니다. 다양한 학원을 직접 방문해 상담을 받아보고 본인과 잘 맞는 학원을 찾아야 합니다.

학원을 다니며 여기저기에 지원을 했나요?

처음에는 지원을 하면 거의 다 떨어졌습니다. 그러다가 어렵게 경기방송 라디오 리포터가 됐습니다. 5분짜리 코너를 만드는 역할이었습니다. 예를 들어 지역 축제가 있으면 거기 가서 취재를 한 다음 시민들 목소리를 녹음해 와서 스튜디오에서 5분짜리 코너로 푸는 역할이었습니다. 기자 역할까지 같이 했다고 보면 됩니다. 이걸 다 하면 10만원을 받게 됩니다. 이후 고속도로 상황 및 날씨를 40분마다 전달하는 일도 했습니다. 하루에 7번 해야 하는데, 이것도 7번 방송을 하면 10만원을 줍니다. 수익적으로는 남는 게 하나도 없었습니다. 하지만 일단 경력이 없었기 때문에 열심히 했습니다. 한 1년 정도 이렇게 살았습니다.

당시에도 스포츠를 마음 속에 생각해두고 있었나요?

맞습니다. 라디오 일을 하면서 MBC스포츠플러스 공고가 떠서 지원했는데 바로 떨어졌습니다. 배성재 캐스터 같은 사람이 되고 싶었는데 막상 해보니 쉽지 않더라고요. 그러다가 경기 방송에 있던 선배 한 분이 정용검 캐스터(전 MBC스포츠플러스)를 개인적으로 소개해줬습니다. 정용검 캐스터가 감사하게도 1시간 30분 정도 개인 강습을 해주셨습니다. 정말 자세히 알려주셨죠. 그리고 STN스포츠라는 곳에서 시험을 봤는데 합격했습니다. 2015년부터 1년간 프리랜서로 활동했습니다. 첫 중계는 우슈였고, 중계비는 10만원이었습니다. STN스포츠에서 일하면서 SPOTV와 SPOTV게임즈 시험을 총 3번 정도 봤는데 역시나 다 떨어졌습니다.

또 좌절했을 것 같습니다.

제 스스로에게 문제가 있다고 판단했습니다. 그래서 나비 스피치라는 학원에 가서 상담을 받았습니다. 그곳에서 상담을 하는데 기본반부터 다시 들으라고 하셨습니다. 당시에는 나름 방송을 좀 해봤다고 생각해서 기본반은 아닌 것 같다고 말했습니다. 그렇게 대화가 평행선을 달리고 있을 때 옆에서 듣고 있던 박기덕 선생님(프리랜서 스포츠 캐스터)이 나서서 본인이 이야기해보겠다고 하셨습니다. 그렇게 인연이 돼서 박기덕 선생님과 1대1 개인수업을 10회 정도 했습니다. 그때 아나운서 교육과정에 대해 정확히 알 수 있었고, 이후에도 부족하다는 생각이 들어 심화반 수업을 추가로 들었습니다. 박기덕 선생님이 그때 저에게 관심을 보이지 않았더라면 스포츠 쪽에서 일하기가 쉽지 않았을 거라고 생각합니다.

결국 축구 쪽에서 기회를 잡았나요?

당시에는 SPOTV에서 K리그를 중계했습니다. 그런데 개인 사정으로 인해 캐스터 한 명이 빠지게 됐습니다. 채민준 당시 SPOTV 캐스터가 박기덕 선생님에게 전화해 급하게 캐스터 한 명을 찾았습니다. 후보는 저 포함 2명이었습니다. 그런데 정말 운 좋게도 후보 중 1명이 전화를 받지 않았습니다. 그래서 저에게 기회가 왔습니다. 그렇게 조금은 급하게 2부 리그 중계에 투입됐습니다. 박기덕 선생님이 'SPOTV 떨어졌던 친구인데 괜찮아?'라고 물어봤다고 하더군요. 하하. 다행히 괜찮다고 해서 스포츠 중계 쪽으로 입문하게 됐습니다.

SPOTV와의 인연은 그렇게 시작되었군요?

2016년엔 SPOTV에서 한 달에 K리그2를 2~3경기 정도 중계했습니다. 당시에도 학원은 계속 다녔습니다. 그런데 비시즌이 되니까 또 일이 끊겼습니다. 그러다 2017년에 다시 SPOTV 캐스터 채용 공고가 떴습니다. SPOTV게임즈 포함해서 4번째 도전이었습니다. 결과적으로 계속해서 스포츠 일을 하게 됐는데 최종 합격은 아니었습니다. 3명의 캐스터가 2년 계약직으로 채용됐고 저는 거기에는 들지 못했습니다. 하지만 시즌 동안만 활동하는 월급제 프리랜서를 제안받았습니다. 3등까지 공식적인 합격인데 저는 4등 정도 했다고 보시면 될 것 같습니다. 합격한 것도 아니고 떨어진 것도 아닌 겁니다. 그렇게 경력을 이어가게 됐습니다.

바로 축구 중계에 투입됐나요?

아닙니다. 그냥 들어오는 대로 모든 종목을 했다고 보시면 될 것 같아요. 야구 하이라이트, 세팍타크로, 초등부 배구, 핀수영, 장애인 스포츠 등 정말 다양하게 경험했습니다. 그렇게 2017년을 보내고 나서 2018년에 2년 계약직 제의를 받았습니다. 그때부터 축구 중계를 본격적으로 하게 됐습니다. 2017-18시즌 프리미어리그 왓포드와 크리스탈팰리스 경기가 제 첫 해외축구 중계입니다. 이후 동아시안컵, 카타르월드컵 2차 예선 등 나름 큰 경기를 맡게 됐습니다. 2020년엔 정규직 전환까지 되면서 꾸준히 활동하다가 2022년 4월 퇴사를 했습니다.

그렇게 하고 싶던 축구 중계를 하게 됐는데 왜 퇴사를 했나요?

매번 똑같은 루틴 속에 살다 보니, 제가 어떻게 살고 있는지 모르겠다는 느낌을 받았습니다. 축구가 메인이지만 다양한 걸 할 줄 아는 사람이 되고 싶었는데 그러지 못했습니다. 회사를 다니면서도 여전히 그런 갈증이 남아 있었나 봅니다. 더 넓은 분야를 해보고 싶었습니다. 새벽 중계로 인해 몸도 망가지고 건강이 좋지 않아 그만두게 됐습니다. e스포츠도 해보고 싶었는데 퇴사 이후 축구 게임 중계를 하게 됐습니다. 최근에는 축구 팟캐스트, K리그, e스포츠, 야구 하이라이트 등을 맡아서 하고 있고 가끔씩 결혼식 사회도 보러 다닙니다.

다른 캐스터들에 비해 굉장히 어렵게 시작한 케이스 같은데 꿈꾸는 학생들에게 팁을 준다면요?

일단 저 같은 학생이 있다면 기초 아나운서 교육은 무조건 받아야 된다고 말하고 싶습니다. 가끔 학원 다니는 걸 부정적으로 보는 업계 사람들도 계십니다. 그러나 전 일단 기초는 들어 봐야한다고 생각합니다. 그 대신 본인에게 맞는 학원을 잘 골라야 합니다. 학원에서 미끼용으로 내세우는 타이틀을 보는 게 아니라 강사들의 이력까지 꼼꼼하게 본 다음 본인이 가고자 하는 길과 비교해 봐야 합니다. 저는 스포츠를 하고 싶은 상황에서 박기덕 선생님을 만났기 때문에 운이 좋았다고 볼 수 있습니다. 학원에서 기본적인 발음, 발성 등을 배워야 준비하는 데 훨씬 수월합니다.

축구가 너무 좋아서 캐스터를 하겠다는 사람들도 많습니다.

냉정하게 말하면 축구가 너무 좋으면, 더 나아가 축구만을 사랑한다면 캐스터 준비를 하지 말라고 말씀드리고 싶습니다. 캐스터가 된 다음에 본인이 어떤 종목을 중계할지는 알 수 없습니다. 다양한 종목에 두루 관심 있는 사람이 캐스터에 더 잘 맞습니다. 방송하는 순간에는 팬이 되어서는 안 되기 때문입니다. 결국 캐스터는 해설과의 대화를 이끌어내며 방송을 진행하는 사람입니다. 대화를 어떻게 끌어내는지가 더 중요하지, 축구를 사랑하는 것은 결정적인 포인트가 아닙니다.

그럼 중계를 하는 데 있어서 가장 중요한 건 무엇일까요?

본인이 생각하는 기본적인 대화 패턴을 많이 만들어야 합니다. 가끔 캐스터가 되기 위해 전술적인 것에 대해서도 공부하고 고민하는 분들이 있습니다. 이런 과한 공부는 크게 도움이 되지 않습니다. 그 시간에 평소 캐스터가 주로 사용하는 보편적인 코멘트는 무엇이며, 종목별 중계에는 어떤 패턴이 있는지 공부하는 게 중요합니다. 특히 자신의 입으로 직접 뱉어보는 걸 추천합니다. 말해보지 않고 머릿속에만 남겨두면 절대 본인의 것이 될 수 없습니다.

어떻게 입문하는 게 가장 현실적일까요?

아직까지도 캐스터 일의 시작은 야구 하이라이트가 기본입니다. SPOTV가 비교적 빠르게 중계에 투입되는 편이지만 다른 방송국에 가게 되면, 초반에는 하이라이트 업무가 가장 중요할 것입니다. 3~4년 가까이 하이라이트만 하는 경우도 있습니다. 결국 야구를 할 줄 알아야 축구도 할 수 있다고 봅니다. 그렇기 때문에 야구에 대한 관심도 가지고 있는 게 중요합니다.

캐스터와 어울리지 않는 사람도 있을까요?

목소리 톤이 조금 아쉬워도 연습을 통해 약간의 수정은 가능합니다. 결국 목소리보다 마인드가 중요합니다. 캐스터가 연예인이라고 생각하고 준비하는 사람들이 많습니다. 하지만 캐스터가 아니라 스포츠 경기 자체가 주인공입니다. 내가 빛나려고 하면 결국 주객전도된 상황이 연출됩니다. 그런 사람은 캐스터 준비를 하지 않았으면 합니다. 그리고 과한 의욕을 보여주는 모습도 자제할 필요가 있습니다. '스포츠 좋아하세요?'라고 물어보면 모든 종목을 다 좋아한다고 말하는 사람이 대부분입니다. 그런데 실제로 중계를 시켜보면 좋아할 뿐이지 용어 하나 제대로 말을 못합니다. 스포츠를 좋아하는 건 큰 무기가 아닙니다. 제 주변에 면접을 보면서 야구는 하나도 모른다고 했지만 합격한 캐스터도 있습니다. 결국 이 사람이 방송에 대해 어떤 마음을 가지고 있는지, 즉 태도와 자세를 더 중요하게 생각합니다.

마지막으로 외모는 이 직업을 갖는 데 있어서 어느 정도 비중을 차지한다고 보세요?

위에서도 말했듯이 중계진이 주인공이 아닙니다. 경기 자체와 선수, 감독이 중심이 되어야 하는 건 변함이 없습니다. 화면에 나왔을 때 불편하게 느낄 만한 점만 없다면 전혀 문제가 없다고 생각합니다. 외모는 크게 고민할 필요가 없습니다. 걱정 마십시오.

MIXED ZONE

처음에는 캐스터라는 직업이 굉장히 다이내믹할 거라고 생각했다. 깔끔한 외모와 멋진 목소리를 가지고, 사람들이 열광하는 스포츠 현장에 있을 때는 그렇게 보일 수도 있다. 그러나 현실은 평범한 회사원이거나 하루하루 중계 일을 찾아다니는 방송 보조 인력일 뿐이다. 텔레비전 속에 나오는 캐스터들의 멋진 사진에 속지 않았으면 한다. 화려해 보이는 직업이지만 실제로는 정말 치열하게 경쟁하는 모습을 옆에서 자주 봤다. 그리고 불안감이 매우 심한 직업이다.

이 직업에 도전하는 사람수에 비해 중계방송이 만들어지는 스포츠 경기 수는 적은 편이다. 그러다 보니 소위 말해 주목받는 경기를 중계하는 캐스터가 되는 건 매우 어려운 일이다. 김용남 캐스터도 그랬듯이 소액의 중계비를 받으면서 어렵게 일을 시작하는 케이스가 대부분이다. 방송국에 소속되지 않는 이상 불안정하다고 보는 게 맞다.

스포츠 채널에서 정규직으로 스포츠 중계를 하는 사람들은 20~30명 정도다. 여기서 축구 중계를 메인으로 하는 사람은 10명 이내다. 축구 중계는 이미 포화 상태다. 더 중계될 축구 리그는 없다고 봐도 무방하다. 기존에 축구 중계를 하는 캐스터들이 그만두지 않는 이상 축구 중계에 자리가 쉽게 나지 않을 가능성이 크다. 요즘에는 캐

스터를 하다가 그만둔 사람들이 꽤 있다. 스포츠마케팅, 학원, 자영업 등으로 노선을 돌린 캐스터들을 종종 본다. 이들이 그만 두는 이유 대부분이 막상 해보니 별다를 게 없다는 걸 느껴서다. 이 직업에 대한 주변의 기대감은 매우 크지만 실제 벌이로 이어지지 않는 경우가 많다는 걸 명심해야 한다. 또한 멋있어서 이 직업을 선택했다가 실전을 경험하고 나서 아니다 싶어 나가는 경우도 많다. 배성재 캐스터의 말을 빌리자면 이 직업이 멋있어서 꿈으로 삼으면 절대 안 된다. 결국 배성재, 김성주 정도의 인지도를 갖지 않은 이상 큰돈을 버는 건 어려운 일이다.

캐스터라는 직업은 앞으로 프리랜서 위주로 바뀔 것이다. 채널에 소속된 캐스터들의 수가 줄어들고 있다는 사실만 봐도 그렇다. 대표하는 캐스터를 몇몇 두면서 잔여 중계들은 프리랜서나 계약직 캐스터들에게 맡기는 빈도수가 늘고 있다. 이 말을 듣고 '나는 열심히 프리랜서로 활동하면서 다양한 채널에 투입되면 되겠다'고 생각할 수 있다.

그런데 이 바닥은 이상하게 프리랜서에게도 소속감을 강요한다. 복수의 채널에서 중계하는 걸 불편하게 여기는 방송국 관계자들이 꽤나 많다. 그래서 프리랜서도 쉽지 않다는 말을 꼭 하고 싶다. 능력이 아무리 좋아도 여기저기서 다 방송할 수 있는 환경은 아니다. 안타깝게도 채널 눈치를 봐야만 하는 구조다. 개인적으로는 스포츠 캐스터만 준비하는 일은 없었으면 한다. 점점 자리잡기가 쉽지 않은 직업으로 변하고 있기 때문이다. 차라리 아나운서를 포함한 방송인을 꿈으로 잡아라. 방송 기자도 캐스터 지망생들이 차선으로 노려볼 수 있는 직업 중 하나다. 텔레비전 방송이 여의치 않으면 유튜버나 BJ로 활동하는 것까지 생각하고 있어야 한다.

김환

10

RATINGS

캐스터

항목	평가	점수
급여 수준	많은 돈을 벌기엔 분명 한계가 있다	6.5
취업 난이도	스포츠 중계는 정해져 있고 하고자 하는 이들은 많다	8.0
향후 전망	누군가가 은퇴해야 충원되는 취업 시장	5.0
업무 강도	새벽 중계가 힘들긴 하지만 그나마 스포츠라서 낫다	7.0
업무 만족도	이 직업은 꼭 하고 싶은 사람들이 잘되기 때문에 만족도는 최상위권	9.0

11

해설위원

/ 볼은 못 차도 된다. 하지만 볼 줄은 알아야 한다 /

COMMENTATOR

업무 개요

축구 중계방송에서 경기 내외적인
상황을 말로 풀어주는 일

급여 수준

중계 1회에 약 20만원
(비선수 출신 신입 해설위원 기준)

채용 방식

추천 또는 공개채용

우대 경력

축구 관련 직종

비선수 출신 축구 해설위원. 멋진 직업이다. 특히 한국에서는 극소수만이 일을 하고 있기 때문이다. 축구선수들의 환상적인 플레이를 보면서 설명할 수 있는 기회라고 생각한다면 더 흥분된다. 그런데 냉정히 말하면 해설위원은 직업이 될 수 없다. 한준희 해설위원의 말을 빌리자면 "해설위원은 직업이 아니라 직함"인 게 맞다. 초빙 강사, 사외 이사 등 직업이라고는 불리기 애매한 단어들과 비슷하다. 금전적 이득이 있지만 꾸준히 일하기가 쉽지 않아서다. 해설위원을 꿈꾸는 젊은이들이 참 많다. 예전에는 축구기자 지망생이 다수였으나 언론계 현실이 널리 알려진 뒤로는 해설위원을 꿈꾸는 이들이 늘어났다. 그런데 현실을 알면 다른 길을 찾을 수밖에 없는 게 해설위원이다.

업무의 대부분은 방송이다. 루틴을 살펴보자. 짧게는 2주, 길게는 1개월 전 정도에 중계 일정이 나온다. 일반적으로 경기 하루 전날까지는 배정받은 경기에 대한 정보를 대략적으로 취합한다. 경기 당일에는 급하게 업데이트 된 내용들을 꼼꼼하게 살펴본다. 구단 뉴스, 선수 부상 등이 대표적이다. 그리고 경기 시작 1~2시간 전에 스튜디오에 도착해서 캐스터와 함께 정보를 주고받는다. 2시간가량의 중계를 마치고 집에 돌아오면 그날의 업무는 끝이 난다. K리그 현장 중계의 경우엔 각자 알아서 경기장까지 이동한 다음 모니터와 그라운드를 번갈아 바라보며 중계를 하게 된다.

메이크업, 헤어, 의상 등은 누가 챙길까? 스튜디오에서는 전문가의 도움을 받을 수 있으니 편하게 가면 된다. 채널 특성에 따라 목소리만 나오는 중계도 있다. 이럴 땐 별도의 꾸밈 시간이 필요없지만 축구장에서 중계를 할 땐 각자 알아서 옷을 챙긴다. 얼굴과 머리스타일도 스스로 정리한다. 보통 캐스터들은 스스로도 잘 꾸미는 편이다. 해설위원의 경우엔 성격에 따라 다르다. 머리에 대충 물만 묻히고 중계하는 이주헌 해설위원 같은 타입도 있는 반면 스튜디오에서처럼 단정하게 꾸미고 오는 해설위원도 있다. 외모는 지저분해 보이지만 않으면 되니 크게 걱정할 필요는 없다.

축구 관련 토크 프로그램에 출연하는 것도 업무 중 하나다. 프리뷰나 리뷰 방송이 대표적이다. 축구 경기에 대한 관심도를 올리기 위한 보조 방송 정도로 생각하면 된다. 물론 여기에서도 입담이 필요하다. 월드컵 경기처럼 많은 관심을 받는 빅매치에는 이러한 토크 프로그램이 더 중요하기 때문이다.

그렇다면 좋은 해설위원이 되기 위해 필요한 것은 무엇일까? 먼저 분석력이다. 즉 경기를 보는 시각이다. 그런데 분석만 잘하고 전달을 못하면 아무 의미가 없다. 분석한 내용을 어떤 단어를 통해 듣기 편하게 전달하는지가 그 해설위원의 능력을 결정한다고 봐도 과언이 아니다. 한준희, 장지현 해설위원이 인정받는 이유도 분석한 내용을 간결하게 전달하는 능력이 뛰어나기 때문이다. 말을 너무 길지도 짧지도 않게 하면서 그 안에 핵심적으로 하고 싶은 말을 넣어야 한다. 말은 길게 이어가는데 알맹이가 없다면 좋은 해설위원이 아니다.

취재력도 필요하다. 특히 국내축구 중계에서는 필수다. 자신의 인맥을 통해 현재 팀 상황을 조금 더 추가로 알아볼 필요가 있다. 사실 해설위원이 전달하는 내용의 대부분을 시청자들이 이미 알고 있을 가능성이 있기 때문에 플러스 알파가 필요하다. 좋은 분석에 이를 뒷받침할 수 있는 취재력이 더해진다면 좋은 해설위원이 될 수 있다.

목소리 톤도 중요한 요소다. 안타깝게도 후천적인 것보다 선천적인 게 크다. 타고 나야 한다. 톤을 바꾸는 데에는 오랜 시간이 걸리고, 어쩌면 바뀌지 않을 수도 있으니 어릴 때부터 정갈한 톤을 찾는 게 중요하다. 물론 캐스터 수준의 좋은 목소리까지는 필요 없다. 목소리 톤을 극복할 수 있는 해박한 지식이 있다면 살아남을 수 있으니 너무 걱정하지 않아도 된다.

마지막으로 배짱이 필요하다. 축구선수 가운데 사석에서는 말을 잘하는 이들이 많다. 그런데 방송에서는 얼음이 되어버리는 경우를 종종 볼 수 있다. 방송 울렁증을 극복하지 못하면 좋은 해설위원이 될 수 없다. 어쩌면 시작조차 못할 수도 있다. 방송에서 떨지 않고 평소대로 말하는 능력은 누가 가르쳐서 될 일이 아니다. 스스로 극복해야 한다. 어쩌면 타고나는 것일 수도 있다. 극한의 상황에도 말을 이어갈 수 있는 능력을 길러야 한다.

축구해설위원이 되는 길은 세 가지로 요약할 수 있다. 가장 먼저 마니아 출신이다. 한준희 해설위원이 대표적인 인물이다. 유럽축구에 대한 정보가 흔치 않던 시절 압도적인 정보력으로 해설위원 제의를 받아 이 길에 들어온 케이스다. 당시 한준희 위원은 인터넷에 축구 관련 글을 쓰기 시작하면서 소수였던 해외축구 팬들에게 인정을 받았다. 예전에는 축구 마니아들이 인터넷에 글을 썼다면 요즘엔 마니아들이 유튜브 영상을 제작하고 있다. 축구 마니아의 경우 유튜브나 블로그 같은 채널에서 우선 인정을 받아야 해설의 기회가 올 수 있다. 방송국도 여전히 보수적인 면이 있지만 간혹 유튜버들을 해설위원으로 데뷔시키는 경우가 있다. 내가 가진 무기가 마니아라는 위치뿐이라면 인터넷 판에서 유명해지는 게 좋다.

그 다음으로는 기자 출신이다. 서형욱, 박문성 그리고 필자(김환)와 같은 사람들이 대표적이다. 축구매체에 글을 쓰면서 해설위원을 겸직하게 된 경우다. 시대가 변하면서 글쓰는 해설위원은 거의 사라졌지만, 기자에서 해설위원이 되는 길은 이제 전통적이면서도 정석적인 루트라고 볼 수 있다. 기자 출신이 처음부터 중계방송에서 해설을 맡는 경우는 드물다. 해설과 유사한 축구 토크 방송에서 활약하면서 점차 해설위원으로 넘어가는 경우가 많다. 필자의 경우엔 각종 라디오 방송과 YTN에서 진행하는 승부예측 방송으로 경력을 쌓은 다음 MBC스포츠플러스의 연락을 받았다. 이 과정에서 서형욱 해설위원의 추천이 있었다.

마지막으로 언론 매체를 제외한 축구 업계 출신들이 해설위원이 되는 경우다. 에이전트를 겸직하고 있는 김동완 해설위원이 가장 널리 알려져 있다. 그런데 선수 에이전트를 하면서 해설을 하게 되면 오해가 생길 수 있기 때문에 조심스러운 면이 있다. 이주헌 해설위원처럼 선수 생활을 일찍 마감한 다음 우연한 기회로 방송을 시작하게 된 경우도 있다. 그는 해설위원을 뽑는 오디션 프로그램 출신인데 이러한 이벤트는 앞으로 열리지 않을 확률이 높다. SPOTV에서 간혹 공개 채용을 하기도 하나 1~2명 선발에 수백명이 몰렸다고 하니 참고하길 바란다.

요약하자면 마니아 또는 유튜버, 기자, 선수 에이전트 등 업계 출신들

이스타이주헌

이 해설위원이 된다. 이들 가운데서는 기자가 방송하기엔 가장 수월하다. '축구 전문기자'라는 타이틀이 있다면 방송국에서 편하게 접촉할 수 있기 때문이다.

한국에서 할 수 있는 축구 중계방송의 수는 사실 어느 정도 정해져 있다. 해설위원 중에 결원이 생겨야 새로운 인물이 들어올 수 있는 구조다. 아무리 업계 근처에 있다고 하더라도 누군가 추천을 하지 않으면 방송국 근처에도 가지 못할 수 있다. 그렇기 때문에 운도 따라줘야 된다.

해설위원 가운데 오직 해설만으로 생계를 이어가는 비선수 출신 해설위원은 거의 없다. 글을 쓰거나 유튜브를 하거나 다른 방송을 해야만 생계유지가 가능하다. 순수하게 해설만 해서 돈을 벌면 수입이 터무니없이 부족할 것이다. 처음 해설을 시작하면 1회당 20~30만원 정도를 받는다. 경력이 아주 많이 쌓이더라도 1회당 출연료가 50만원을 넘기 힘들다. 해설위원 1명이 한 달 안에 할 수 있는 중계는 결코 많지 않다. 1주일에 2~3번 하면 꽤 자주 해설을 하는 편이다. 결국 많이 해봐야 1개월에 10회 내외다. 갑자기 어떤 이유 때문에 중계 수가 줄어들면 수입이 반토막이 난다. 내가 몸담고 있는 방송국이 축구 중계권을 사지 않으면 한순간에 백수가 된다. 빅이벤트가 있는 시기에는 꽤 많은 돈을 벌 수 있다. 반대로 유럽 축구가 열리지 않는 여름 비시즌 같은 경우엔 수익이 0원일 수도 있다. 이게 현실이다.

간혹 방송국과 계약 상태인 해설위원들이 있다. 지상파 채널의 간판 해설위원들만 가능한 일이다. 그런데 이 역시도 슈퍼스타가 아닌 비선수 출신인 경우엔 금액이 크지 않는 걸로 알려져 있다. 해설위원이라는 타이틀이 외부에서 보기엔 멋져 보일 수 있다. 그러나 현실은 녹록지 않다. 중계만으로 먹고 살려다 버티지 못하고 이 바닥을 떠난 이들이 가끔 존재하는 이유다.

KEY PLAYER

장지현 이주헌

축구 해설은 직업으로 보기 어려운 일 이 길 하나만 생각해서는 안 된다

장지현, 이주헌, 두 사람은 10년 넘게 수많은 축구 경기를 중계하며 축구 팬들으로부터 많은 사랑과 호평을 받고 있는 해설자들이다. 하지만 그들은 물론 해설위원으로 일하고 있는 다른 이들도 축구 해설은 직업으로 볼 수 없는 일이라고 얘기하곤 한다. 축구해설위원 중 다수가 다른 일들도 병행하고 있는 것이 현실이다. 하지만 아주 작은 일말의 가능성이라도 그들이 공유하는 경험을 통해 엿볼 수 있기를 바란다.

SBS

장지현 해설위원은 마니아 출신이자 업계 출신이다. 원래 영화계에서 일을 하다가 우연한 기회에 중계권 사업에 뛰어들었다. 2003년 당시 풋볼 2.0이라는 인터넷 중계 채널을 운영하면서 자연스럽게 해설위원이 됐다. 해설할 사람이 더 필요하자 내부 인력이었던 장지현 해설위원이 투입됐다. 학창시절부터 축구뿐 아니라 다양한 스포츠 종목에 마니아였기 때문에 수월하게 중계를 해낼 수 있었다. 현재까지도 깔끔한 목소리와 정확한 분석력으로 큰 호평을 받아오고 있다.

이주헌 해설위원은 선수 출신이다. 내셔널리그 코레일 소속으로 선수 생활을 했다. 이후 축구 해설위원을 뽑는 오디션 프로그램에서 1위를 차지해 데뷔했다. 이후 '재밌는 해설위원'이라는 이미지를 구축하면서 업계에 자리 잡았다. 이들에게 해설위원이 갖춰야할 덕목이라는 주제로 질문을 던졌다. 인터뷰는 축구 팟캐스트 〈히든풋볼〉 녹음실에서 진행됐다.

고등학생, 대학생이 축구 해설위원이라는 직업에 대해 묻는다면 어떤 이야기를 해주고 싶으신가요?

장지현 조카가 물어봤다고 생각하고 답하겠습니다. 공부를 열심히 해서 대기업에 들어간다고 치면, 평균 근속연수가 길어봐야 15~20년입니다. 다들 원하는 대기업에 가도 오래 일하는 게 쉽지 않습니다. 대기업도 이런 상황인데 해설위원이라는 건 사실 직업군에 속하지도 못합니다. 근속

연수 같은 것도 없다고 봐야 맞죠. '내 직업을 해설위원으로 설정하고 준비해야지'라는 생각 자체가 잘못된 말입니다. 냉정하게 들릴 수 있겠지만 조카가 묻는다면 이렇게 답하는 게 맞는 것 같습니다.

...

이주헌 저도 비슷한 생각입니다. 하지만 이 일을 꿈꾸고 있다면 희망도 줘야 됩니다. 저는 조금 덜 친한 친구 아들이 물어봤다 생각하고 대답하겠습니다. 기본적으로 해설위원이 되려면 방송을 할 줄 알아야 됩니다. 그래서 말을 잘해야 합니다. 축구 한 경기를 더 보는 것보다 말하는 연습을 하는 게 더 중요할지 모릅니다. 축구를 보고 전술 분석은 할 줄 아는데 말할 줄 모르면 방송 자체를 못하게 됩니다. 외모 가꾸는 것도 중요합니다. 외모를 가꾸면 더 좋은 기회가 올 수도 있습니다. 이상하게 들릴지 몰라도 현실이 그렇습니다. 아나운서를 준비하는 게 아니지만 스피치 학원 다니는 것도 나쁘지 않은 선택이라고 봅니다. 그리고 책 많이 읽으면 좋습니다. 그리고 친구들과 대화했을 때 '센스 있다', '순발력 있다'라는 이야기를 들을 정도는 돼야 합니다. 일단 이 정도가 다 준비됐다면 그때부터 어떻게 해설위원이 될지를 고민해도 괜찮습니다.

목소리 톤이나 말하는 방법도 매우 중요한데,
연습해서 좋아질 수 있을까요?

장지현 안타깝게도 타고나야 됩니다. 제가 과거 연예 기획사에서 일을 할때 연예인들에게 타고나야 하는 부분에 대해서는 확실히 이야기해주는 편이었습니다. 축구해설도 마찬가지라고 생각합니다. 어느 정도는 타고나야 됩니다. 이런 요소들이 잘 갖춰져 있다면 꼭 해설위원 아니더라도 말하는 직업을 가지는 데 수월할 것입니다.

· · ·

이주헌 가수라고 생각하면 편합니다. 연습으로 노래 실력을 키울 수도 있지만 한계가 있습니다. 어느 정도 타고나야 됩니다. 본인이 살아오면서 누구 앞에 섰을 때 말하는 게 두려웠다면 이 직업은 쉽지 않습니다. 친구들 서너 명이 모였을 때 주로 말을 듣는 편이고, 유머를 던졌는데 반응이 별로 좋지 않다면 해설위원과 어울리지 않는 사람일지도 모릅니다. 솔직히 저는 지금도 방송 무대 규모가 커지면 긴장이 됩니다. 10년 이상 방송을 한 저도 아직 떨리는 부분이 있기 때문에 단단히 준비되지 않으면 쉽지 않다고 말할 수 있겠습니다.

· · ·

장지현 저는 연예인들은 타고나는 게 95%고 나머지는 노력이라고 생각합니다. 해설위원은 그 정도까지는 아니지만 30% 이상은 타고나야 됩니다. 그렇지만 노력으로 커버한 몇몇 해설위원들도 있기 때문에 지레 겁먹고 내려놓을 필요는 없습니다.

그렇다면 노력으로 보완할 수 있는 건 구체적으로 무엇이 있을까요?

이주헌 발음? 이건 연습하면 조금은 고칠 수 있습니다. 목소리를 아예 바꾸는 건 불가능하지만 편안한 목소리 정도는 가능하다고 생각합니다. 심판 세미나, 축구 관련 자격증 등을 따면서 지식을 늘려가는 것도 좋습

© SBS

니다. 제가 축구 해설위원 오디션 프로그램에서 1등을 할 수 있었던 비결 중 하나가 규정 숙지였습니다. 당시 심사위원이었던 장지현 해설위원이 낸 문제를 해결하면서 1등이 됐습니다. 이처럼 축구와 관련된 질문을 언제 어디서 받아도 대답할 수 있어야 합니다.

• • •

장지현 저는 송영주 해설위원이 데뷔할 때 옆에서 같이 도와줬던 경험이 있습니다. 처음에는 송영주 해설위원도 방송 화법에 있어서 좀 어색하게 느끼는 부분이 많았습니다. 그런데 계속 연습하면서 자연스러워지고 좋아졌습니다. 이 정도는 고칠 수 있습니다. 그래도 시간이 꽤 걸린다고 보시는 게 좋습니다.

해설을 하면서 가장 신경 쓰는 점은 무엇일까요?

장지현 방송에 대한 이해도입니다. 예를 들어 토트넘 경기를 중계해야 한다고 가정해 봅시다. 이 경기는 시청자들 가운데 95% 이상이 손흥민 때문에 봅니다. 방송하는 입장에서 이걸 빠르게 캐치해야 합니다. 다소 편파적으로 느껴질 수 있어도 손흥민과 토트넘 이야기를 자주해야 합니다. 이건 편파가 아니라 시청자들을 고려하는 것입니다. 방송인으로서 해야 될 일이죠. 반대로 새벽 늦은 시간에 하는 경기인데 주목도가 낮다고 가정해 봅시다. 그러면 마니아들이 좋아할 만한 전술 이야기 비중을 늘리면서 시청자들의 눈높이를 맞춰야 합니다. 이런 걸 적절하게 섞어야 좋은 해설위원이 될 수 있습니다. 그런데 역시나 굉장히 어려운 기술입니다. 방송적인 센스가 필요한 부분입니다.

주변 사람들과의 호흡도 중요할 것 같습니다.

장지현 가끔 캐스터나 해설자가 주인공처럼 되어버리는 경우가 있습니다. 이런 케이스는 결코 바람직하지 못합니다. 중계진 이야기가 안 나올 때가 최고입니다. 시청자들이 봤을 때 '오늘 캐스터, 해설 누가 했지'라고 할 정도의 중계가 좋은 해설입니다. 경기를 집중해서 보는 데 있어 캐스터와 해설위원의 소리가 정말 작은 도움만 됐다는 의미이기 때문에 제 기준에선 그게 정말 좋은 중계입니다. 해설위원, 캐스터, PD까지 이런 마인드가 필요합니다. 그러기 위해서는 다들 마음도 잘 맞아야 되고 좋은 호흡이 필요합니다. 누구 하나 튀려고 하면 좋은 중계는 만들어지기 어렵습니다.

해설위원이 되어 좋은 점은 무엇인가요?

이주헌 사실 딱히 말할 만한 게 없습니다. 아! 하나 생각났습니다. TV에 나오면 가족과 주변 사람들이 좋아합니다. 그런데 이건 초반 6개월 정도뿐입니다. 처음 중계방송 했을 때가 생각납니다. 나름 자신이 있었기 때문에 중계를 쉽게 생각하고 들어갔는데 완전 달라서 매우 당황했습니다. 첫 중계 끝나고 '아~ X됐다'라고 생각했습니다. 이 직업은 밖에서 보는 것보다 정말 할 게 많다는 걸 느꼈습니다. 마니아들의 만족도를 높이기 위해서는 정말 많은 노력이 필요합니다. 그런데 문제는 단기간에 보완할 수 있는 게 거의 없다는 것입니다. 그래서 시간이 날 때마다 책을 많이 읽었습니다. 제가 지금 해설위원이 되면 좋은 점에 대해서 말하고 있었죠? 어쨌든 해설위원이 되었기 때문에 유튜브나 팟캐스트로 활동을 넓힐 수 있었고, 많은 분들이 좋아해주셨다고 생각합니다. 딱 이 정도입니다.

• • •

장지현 제가 다른 일을 하고 있었더라도 주말 새벽 시간에 축구를 봤을 겁니다. 그런데 일하면서 돈도 벌고 축구도 보고 있으니 좋은 것 아닌가 생각합니다. 안정적인 수입이 있는 것도 아니고, 4대 보험도 안 되지만 이거 하나는 좋은 것 같습니다.

INJURY TIME

선수 출신이 아닌 사람이 축구 유학을 계획하는 이유는 일반적으로 두 가지다. 첫 번째는 취업보다는 학습에 큰 비중을 두는 경우다. 유럽 축구의 중심지인 영국에서 공부를 하며 축구 산업이 어떻게 돌아가는지 보고 듣고 느끼고 싶은 마음이 큰 사람들이다. 두 번째는 축구계에서 일하고 싶은데 길이 보이지 않는 경우다. 일명 '축구 업계 입문용' 유학이다.

전자의 경우엔 말릴 이유가 없다. 가서 공부하면서 다양한 길을 찾으면 된다. 문제는 후자다. 축구계 취업을 위해 유학을 선택했다면 이야기가 달라진다. 축구 유학이 과연 취업에 어느 정도 도움이 되는지 가늠하기 힘들다.

축구 유학을 생각하는 이들 대부분이 영국으로 간다. 버벡대학교나 리버풀대학교 등을 알아볼 것이다. 영국 축구와 관련된 전반적인 내용을 공부하면서 직접 축구도 볼 수 있는 환경이니 배우는 건 많을 것이다. 그런데 여기서 오류가 발생한다. 영국 현지에서 배우는 내용이 국내 축구계 사정과 일치하지 않기 때문이다.

영국 유학을 갔다고 해서 축구 관련 기사를 잘 쓰게 될까? 또한 해설하는 능력이 생기게 될까? 실제로 영국 축구유학을 다녀온 많은 사람들이 '환상이었다'라는 표현을 자주 쓴다. 영국 유학 경험이 있는 서형욱 해설위원은 "2000년대에는 축구 유학 경력자가 거의 없어 통할 수 있었을지 모르지만 지금 분위기는 조금 다르다. 축구계에 입문하고 싶다면 국내에서 유사 경험을 쌓는 게 더 좋을 것 같다"라고 말한다.

그렇다고 도움이 아예 안 된다고 말하기도 힘들다. '경력이 없는 것보다 낫다' 정도로만 해

축구 유학!
다녀오면 도움이 될까?!

석하면 될 것 같다. 영국 현지와 연계해서 일할 수 있는 업종이라면 분명 도움이 될 것이다. 예를 들면 스포츠 마케팅이나 에이전트가 그런 경우다. 하지만 영어 공부 그 이상의 의미는 없을지도 모른다.

간혹 축구 유학을 떠나 현지에서 취업을 꿈꾸는 이들이 있다. 그런데 쉽지 않다. 영국에서 바라봤을 때 특정 대학교의 축구학 석사가 대단한 타이틀이 아닌데다 굳이 동양인과 함께 일할 특별한 이유가 없다면 채용하지 않을 것이다. 축구계 취업을 원하는 수많은 영국인 또는 유럽인들이 있는데 굳이 동양인을 쓰진 않을 것이다. 이건 인종차별이 아니라 현실이다. 게다가 한국인을 채용할 경우 취업 비자 발급과 같은 이슈가 발생하기 때문에 선호되기 힘들다.

결론은 환상을 버리자는 것이다. 큰 각오를 하며 떠나는 게 아니라 견문을 넓힌다는 가벼운 마음으로 유학을 떠나는 것이면 추천할 만하다. 그러나 '난 유학 가서 배운 것들을 어떻게든 활용해서 반드시 축구계에 취업할 거야'라는 마인드라면 추천하고 싶지 않다. 그 시간에 국내에서 축구와 관련된 인턴 경험을 쌓는 걸 고민하고 시도하는 게 더 큰 도움이 될 것 같다.

MIXED ZONE

대부분의 해설위원들은 유튜브, 팟캐스트로 추가 수익을 내고 있거나 별도의 부업을 하는 편이다. 그래야만 해설 업계에서 그나마 버티면서 일을 할 수 있기 때문이다. 그런데 유튜브나 팟캐스트 시장이 사라졌다고 상상해보자. 그렇다면 해설위원이라는 직업을 유지하기가 쉽지 않을 것이다. 어쩌면 몸값이 높은 탑티어 해설위원 2~3명 정도만 이 바닥에 남을 수 있을 것이다. 나머지는 생계를 찾아 이 바닥을 떠나거나 다른 업종에 손을 대야만 할 것이다. '다들 잘 살고 있으면서 왜 이 일을 추천하지 않는가'라는 질문에 답이 됐으면 하는 바람에서 극단적으로 예시를 들었다.

어쨌든 일의 꾸준함이 주는 안정감도 삶에 있어서 큰 부분을 차지하기 때문에 이 일을 도전하기 전엔 자신의 성향을 잘 고려했으면 한다. 필자의 경우엔 일한 만큼만 버는 프리랜서의 삶이 더 좋다. 그래서 아직까지 해설을 하는 게 나쁘지 않다.

그런데 꼬박꼬박 일정한 금액이 통장에 꽂히는 일을 선호한다면 절대 이 바닥에 와서는 안 된다. 해설위원이라는 일은 약간의 도박성이 있다. K리그를 정말 사랑하는 장지현 해설위원도 국내 축구 해설은 아주 가끔 한다. 사실상 K리그 해설은 못하는 게 맞다. 방송국, 중계권 등이 맞아 떨어지지 않으면 이러한 상황이 펼쳐진다. 방송 업계에 내 마음대로 되는 건 하나도 없다.

그럼에도 불구하고 참 멋진 일인 건 분명해 보인다. 이와 동시에 굉장히 부담되는 일이기도 하다. 해설위원의 말 하나에 선수에 대한 평가가 바뀔 수도 있기 때문이다. 축구 중계는 팬들만 보는 게 아니라 감독, 코치, 선수, 업계 관계자 모두가 보기 때문에 더욱 책임감을 가져야 한다. 해설위원을 꿈으로 설정하는 걸 말리진 않겠다. 다만 빠져나갈 구멍은 항상 만들어 놓고 해설위원을 준비하는 게 옳다고 본다.

memo

김환

급여 수준	★★★★★☆☆☆☆☆ 부업으로만 괜찮은 수준. 여전히 신입 해설위원에 대한 대우는 박하다	5.0
취업 난이도	★★★★★★★★★★ 별다른 취업 방법이 없다. 축구판에서 인지도를 올리면서 준비해라	10.0
향후 전망	★★★★☆☆☆☆☆☆ 축구 해설위원 포화 상태! 방송국도 신입 해설 선호하지 않아	4.0
업무 강도	★★★★★★☆☆☆☆ 나이가 들수록 새벽 중계가 힘들지만 이것만 제외하면 할 만하다	6.0
업무 만족도	★★★★★★★★★☆ 축구 보는 걸 좋아해서 일을 시작한 사람들이니 만족도는 최상급	9.0

12

방송국 PD

/ 축구 중계 방송도 기획과 연출이 중요하다 /

BROADCASTING PRODUCER

업무 개요

생중계와 매거진 프로그램을 제작

급여 수준

연봉 3000만 원대 중반 또는
프리랜서 경우 회당 20만원
(1년차 기준)

채용 방식

결원이 있을 때 공채

요구 어학 능력

영어

유용한 제2외국어

무엇이든지 할 줄 알면 환영

우대 경력

방송 프로그램 제작 관련 업무

방송국 축구PD 업무 가운데 가장 중요한 건 생중계다. 스포츠를 녹화 방송으로 보고 싶어 하는 사람은 이 세상에 없기 때문이다. 어떻게 하면 좋은 화면을 시청자들에게 제공할지 고민하는 게 가장 중요하다. 손가락 하나로 수천수만 명의 시청자들의 만족도를 좌지우지할 수 있다는 생각만으로도 부담이 느껴지는 직업이다. 전 국민이 관심을 가지고 지켜보는 A매치 중계 도중 버튼 하나를 잘못 눌러 엉뚱한 화면을 송출하게 됐다고 상상해보자. 시청자들 입에선 '아~ 뭐야!'부터 나오게 될 것이다. 생각만 해도 끔찍하다. 그만큼 책임감을 가져야하는 직업인 건 분명하다.

축구PD에게 생중계 다음으로 중요한 일은 매거진 프로그램 제작이다. KBS의 〈비바 K리그〉, SBS의 〈풋볼 매거진 골!〉 등이 대표적이다. 스튜디오에서 사전 제작을 통해 만들어진다. 생방송보다는 여유를 가지고 준비할 수 있기에 아이디어가 중요하다. 연차가 쌓이면 생중계에 더 어울리는 PD와 매거진 프로그램을 잘 만드는 PD로 나뉠 가능성이 크다. 하지만 입사 초기에는 둘 다 해낼 수 있어야 더 많은 기회가 주어지는 게 사실이다.

PD들이 가장 경험해보고 싶은 건 국제 대회다. 국내에서 국제 대회가 열리게 되면 직접 제작까지 할 수 있게 된다. 전 세계로 송출되는 국제신호를 한국 PD가 직접 만들 수 있는 기회가 주어진다. 하지만 월드컵, 올림픽, 아시안게임 등 대규모 국제대회를 국내에서 치르는 경우는 흔하지 않다. PD들이 경험하는 대부분의 국제 대회는 해외에서 열린다. 국제 대회 출장이 결정되면 개막 6개월 전부터 준비에 들어간다. 중계방송진 구성, 현지답사 등을 통해 돌발변수를 최소화할 준비를 한다. 특히 시청률을 크게 좌우할 수 있는 해설위원과 캐스터 섭외도 PD의 권한이기 때문에 막대한 파워가 생긴다.

대부분의 방송 종사자들이 그러하듯 PD도 '라이프 사이클'이 불규칙하다. 모든 스포츠 경기가 오전 9시부터 오후 6시 사이에 열린다면 얼마나 편하겠는가? 애석하게도 대부분의 스포츠는 많은 직장인들이 쉴 때 열린다. 해외 축구의 경우엔 자정을 넘긴 새벽 시간대 근무가 필수다. 미국 스포츠의 경우 꼭두새벽부터 아침까지 중계를 하게 된다. 그렇기 때문에 컨디션 유지도 매우 중요하다. 주말에는 낮에 K리그를 중계했다가 새벽에는 해외축구를 중계할 수도 있기 때문에 강인한 체력도 요구된다.

그렇다고 단점만 있는 건 아니다. 보통 직장인처럼 오전 9시에 출근하는 PD들은 거의 없다. 오후 7시 경기를 방송국 스튜디오에서 중계한다고 가정하면, 보통 점심시간 이후에 출근한다. 현장 중계라면 집에서 곧바로 경기장으로 향하는 경우가 대부분이다. 남들이 쉴 때 일을 하지만 남들이 일할 때 쉴 수도 있다. 오전 9시 출근과 오후 6시 퇴근을 꿈꾸는 사람이라면 PD라는 직업과 어울리지 않다는 얘기다.

축구를 중계하는 PD가 되고 싶다면 스포츠PD가 되는 게 우선이다. 축구캐스터가 되려면 먼저 캐스터 또는 아나운서가 되어야 하는 것과 똑같은 이치다. 축구만 중계하는 PD는 없기 때문이다. 축구를 중계하다가도 동계 시즌에는 배구나 농구 중계를 해야 한다. 인기 종목만 하는 것도 아니다. 씨름, 족구, 당구, 수영, 펜싱 등 익숙하지 않은 종목도 중계를 해야 한다. '난 축구만 해야지'라는 마인드는 실패의 지름길이며 애초에 구직하기도 쉽지 않을 것이다. 방송국은 '축구 중계만 잘하는 PD'는 뽑을 생각이 전혀 없다. 축구가 너무 좋다면 '축구 중계도 잘하는 PD'가 되려고 노력하는 게 바람직하다.

PD가 될 수 있는 길은 크게 지상파와 스포츠전문 채널 입사로 나눠진다. 하지만 지상파 3사 PD로 입사해 스포츠 PD로 일하는 건 사실상 불가능해졌다. 지상파에서 자체 스포츠팀을 운영하지 않는 경우가 늘어났기 때문이다. 지상파 입장에서 스포츠는 '한철 장사'다. 빅 이벤트가 있는 시즌에만 중계가 이뤄지기 때문이다. 게다가 종합편성채널이나 케이블 채널 쪽에 중계권을 뺏기고 있어 지상파에서의 스포츠 중계는 미래가 불투명하다. 따라서 스포츠 전문 채널 쪽으로 도전하는 게 올바른 방향이다.

입사할 수 있는 대표적인 채널로는 MBC스포츠플러스, KBSN스포츠, SBS스포츠, JTBC 골프&스포츠, SPOTV 등이 있다. 최근에는 예능과 드라마 콘텐츠를 만들던 CJ계열의 TVN도 스포츠 채널을 개국하면서 PD가 될 수 있는 회사의 수는 늘어가고 있다. 여기에 IB스포츠, 스카이스포츠 등 규모가 크지 않은 스포츠 채널도 있다. 당구 채널인 빌리어즈TV처럼 한 종목 위주로 중계하는 전문 채널도 존재한다. 앞으로는 쿠팡플레이와 같은 OTT에서도 스포츠 전문 PD를 뽑을 가능성이 있다.

위에 나열된 채널로 가지 못하더라도 기회는 있다. 기존 스포츠 방송국에서는 적자 폭을 줄이기 위해 내부 인원을 충원하지 않고 외주 회사를 쓰는 경우가 늘어나고 있다. 그래서 정작 현장에서 생중계를 하는 PD들의 경우 외주 회사 소속인 경우가 많다. 외주 회사의 경우 공채 시스템보다 주변 소개로 사람을 뽑는 게 일반적이다. 스포츠 중계 업계에서 인맥을 어느 정도 쌓아야 외주 업체로 갈 수 있다. 생중계 보조 아르바이트를 하다가 채용되는 경우도 있으니 무엇이든지 도전하길 추천한다.

학력 기준은 많이 사라졌다. 지상파 PD라면 여전히 학벌이 중요하다. 그러나 스포츠 채널 분위기는 조금 다르다. 학벌을 아예 안 보는 건 아니지만 능력만 있다면 어느 학교를 나왔는지는 크게 중요하지 않다. PD로서의 아이디어나 경험 그리고 노력을 보는 편이다. 일반적으로 서류 → 1차 면접 → 발표 면접 → 임원 면접 방식으로 진행되기 때문에 입사 과정에서 특별히 다른 건 없다.

jtbc
sports
Tieline
S/PDIF

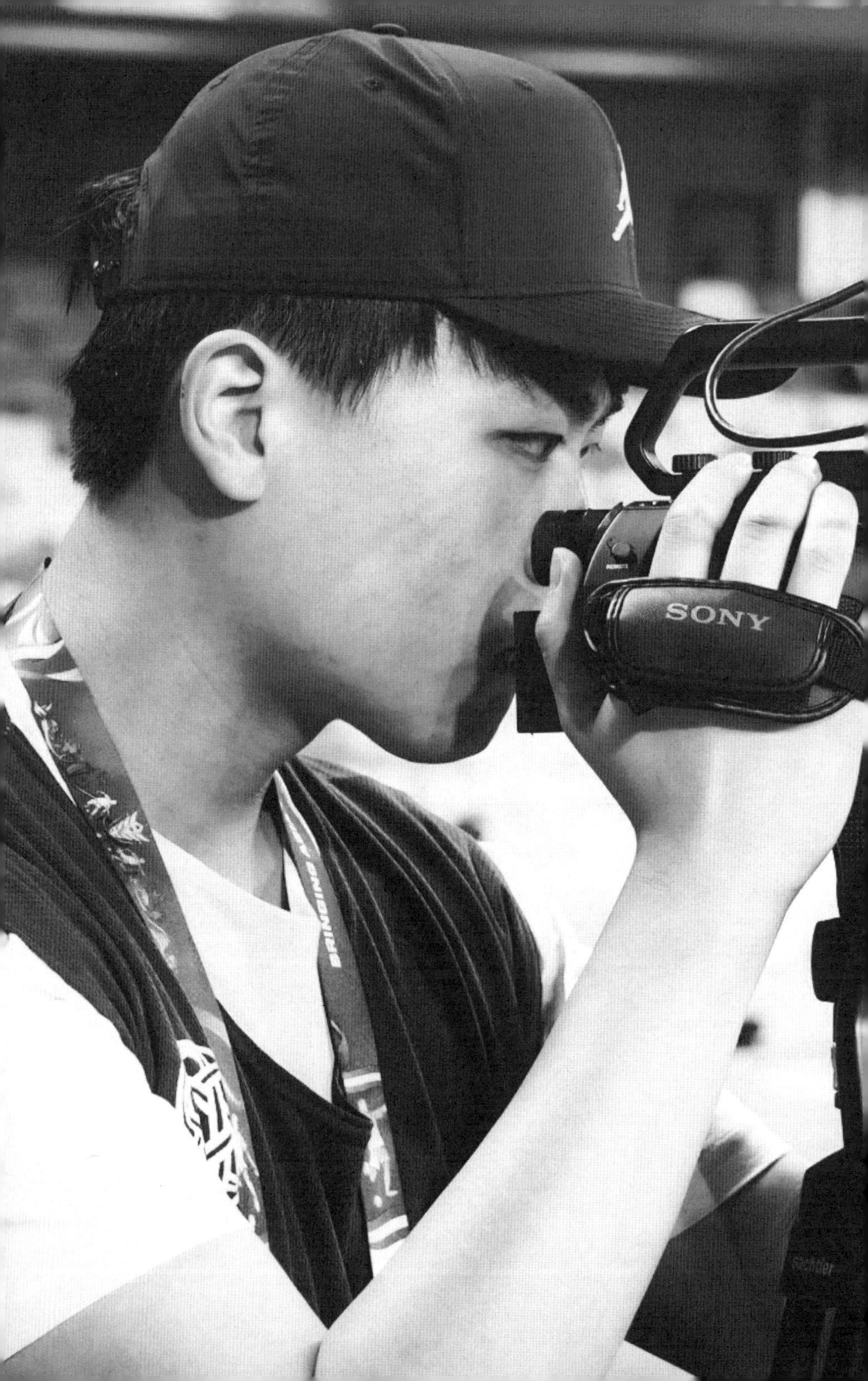
SONY

KEY PLAYER

이태산

일단 PD가 되고 스포츠 PD가 된 후 축구 PD가 될 기회를 엿봐야 한다

이태산, 그는 축구를 방송으로 만드는 일 역시 축구와 관련된 다른 일들처럼 남들 쉴 때 일하는 경우가 많아 규칙적인 생활은 어느 정도 포기하는 것이 마음 편하다고 말한다. 또한 중계방송은 라이브가 기본이기에 사고를 최소화하기 위해 거친 언행이 오갈 수 있는 환경이라는 것도 염두에 둬야 한다. 어려운 분위기에서도 멘탈을 다잡을 수 있어야 이 일을 지속할 수 있다고 설명한다. 방송 용어와 개념을 숙지하고, 해외 방송을 잘 참고하는 것도 좋은 준비가 될 수 있다.

이태산 PD는 JTBC 골프&스포츠 채널에서 가장 축구를 좋아하는 인물이다. 그런데 아이러니하게도 이 직업을 갖기 전까지는 축구를 좋아하는 것 빼고는 스포츠 방송 업계와 접점이 없었다. 게다가 PD라는 직업도 오래 준비하지 않았다. 신문방송학과를 나와서 관련 스터디를 하면서 입사를 준비했을 것이라는 예상과는 많이 다른 인물이다. 09학번인 이태산 PD의 전공은 러시아어문학과다. 앞으로 '러시아가 뜰 거다'라는 말을 듣고 학과를 선택했다. 틈새시장을 노렸다고 한다. 우크라이나로 교환학생까지 다녀왔다. 졸업할 때가 되니 선택할 수 있는 직업이 통역, 통번역, 무역회사 입사 정도였다. 아무리 생각해도 재미가 없었다.

4학년 1학기부터 '나 이제 뭐하지'라는 고민을 시작했다. PD를 생각하게 된 계기는 당시 들었던 '취업과 진로'라는 수업에서 과제로 이력서 쓰기를 하면서였다. 이태산 PD는 "사실 3학년까지는 큰 고민 없이 지냈다. 그러다가 그 수업을 시작으로 고민을 해보니 내가 가장 좋아하는 걸 직업으로 하고 싶었다"며 "체육교사셨던 아버지와 함께 어릴 때부터 축구장에 자주 갔다. 그러다 수원 삼성 팬이 됐다. 시즌권까지 사서 다녔다. 그래서 축구와 관련된 걸 하고 싶다는 생각을 하게 됐다. 예전에는 K리그를 TV에서 보기가 쉽지 않았다. 그러다 보니 '차라리 내가 PD가 돼서 중계를 해볼까'라는 막연한 생각부터 시작했다. 일하면서 축구도 볼 수 있으면 매우 좋을 것이라고 단순하게 생각했다"고 말했다.

그래서 이태산 PD는 당시 대학교 수업에서 스포츠PD 직군에 지원하는 이력서를 써서 과제로 제출했다. 그런데 이 이력서가 만점이 나왔다. '좋아하는 걸 하고 싶다'라고 솔직하게 쓴 게 통한 것 같다고 말했다. 이때부터 본격적으로 PD에 대한 꿈을 꾸기 시작했다.

그리고 4학년 여름 방학 때 곧장 방송국과 관련된 아르바이트를 했다. 한국경제TV에서 조연출 AD로 일했다. 2개월 파견 계약직이었다. 이태산 PD는 "운이 좋았다. 내가 할 수 있는 일이 참 많았다. 카메라도 잡았고 무대 세팅도 했다. 생방송이 끝나면 편집도 했다. 2개월 동안 정말 많이 배웠다. PD 준비하는 학생들이 학교에서 배울 걸 2개월 동안 방송국에서 실전으로 배우게 된 셈이다. 특히 생방송을 진행했기 때문에 많을 걸 배울 수 있었다"고 했다.

이어 "요즘도 '미디어잡'과 같은 사이트를 보면 방송국 계약직 일이 많이 뜬다. 단순한 잡일이라고 생각할 수 있지만 나 같은 경우는 그렇지 않았다. PD에 꿈이 있다면 적극적으로 지원했으면 한다. 방송국마다 다르겠지만 분명 큰 도움이 될 것이다. 나는 당시 2개월 일 했던 걸로 취업까지 성공했다"고 덧붙였다.

4학년 2학기 개강 직전에 IB스포츠에서 중계 PD 모집 공고가 떴다. 이태산 PD는 '내 경력으로는 안될 거야'라는 마인드로 부담 없이 이력서를 썼다. 그런데 연락이 왔고, 면접을 보게 됐다. 그리고 바로 가을부터 일을 시작했다. 당시 IB스포츠에서는 '즉시전력감'이 필요했고, 얼마 전까지 한국경제TV에서 생방송을 해본 이태산 PD는 적당한 인물이었다.

IB스포츠는 규모가 크지 않은 방송국이다. 그러다 보니 초보 PD에게도 많은 기회가 주어졌다. K리그는 아니었지만 FA컵, 3부리그 등을 중계하는 일을 도왔다. 일명 LSM이라고 불리는 슬로우 화면을 만드는 일에 빠르게 투입됐다. 큰 방송국에 가게 되면 LSM을 만지는 데까지 2년 이상 걸리는 경우도 많다. 그런데 당시 IB스포츠는 2년 이상 기다릴 여유가 없었다. 이태산 PD는 축구에 대한 이해도가 높고 손도 빠른 편이라 큰 문제 없이 LSM을 다루는 PD가 됐다. 다른 채널보다 빠르게 기회가 왔고, 그 기회를 놓치지 않은 셈이다.

여기서 잠깐. 생중계에 투입되는 데까지 2년 이상 걸린다는 것 자체가 이해가 안 될 수 있어서 짚고 넘어가겠다. 방송국 입장에서 생중계는 채널 자존심과 같다. 실수가 나오면 채널 신뢰도가 떨어질 수 있기 때문이다. 그런데 신입들이 생중계에 투입된다면 어떤 일이 일어날까? 잘 하다가도 당황하거나 멘탈이 흔들리는 상황이 오게 되면 곧바로 방송사고로 이어진다. 그렇기 때문에 생중계에 투입되기 전까지 많은 트레이닝을 거치게 된다. 소위 말해 빠르게 돌아가는 생중계 환경에 집중할 수 있을 때까지 '굴린다'고 생각하면 된다. 방송과 관련된 모든 잡일을 시켜보고 나서야 생중계에 투입된다. 일종의 PD 문화라고 생각하면 쉽다.

2016년 당시 JTBC 골프&스포츠가 K리그 중계를 시작했다. 그런데 내부 제작 PD가 조금 부족했다. 그래서 IB스포츠의 인력을 외주 식으로 고용해 K리그 현장에 투입했다. 이때 이태산 PD가 JTBC 골프&스포츠에 지원을 나갔다. 짧은 경력에 비해 일처리가 깔끔하여 좋은 평가를 받았다.

그리고 얼마 후 JTBC 골프&스포츠로부터 경력직 사원 모집에 지원을 해보라는 연락을 받았다. 그리고 곧바로 이직에 성공했다. 이후 6년 동안 아시안컵, U-23 아시안컵, 월드컵 최종예선 등 굵직한 이벤트를 경험하며 성장하게 됐다. 이직 이후부터 2021년 초반까지 생중계에서는 LSM을

담당했다. 그러다가 2021시즌 중반 메인 PD로 데뷔를 했다. 방송 바닥에서는 메인 PD를 경험하는 걸 '입봉'이라 부른다. 물론 한 시즌 내내 메인 PD로 투입되는 건 아니었다. 경험 삼아 3경기에서 메인 PD 역할을 했다. 이태산 PD는 "나 같은 경우엔 굉장히 빠르게 입봉을 했다고 보면 된다. 입사한 지 10년이 넘어서야 메인 PD를 처음 경험하는 사람도 많다. 운이 좋게도 IB스포츠 경력을 포함해 8년차쯤 데뷔전을 치르게 됐다"고 설명했다.

모든 PD 지망생들의 로망은 본인이 직접 중계화면을 선택하는 것이다. 그런데 현실은 다르다. 10년 넘게 일해야 그 기회가 주어진다. 기회가 오더라도 경험 삼아서 1~2번 해보는 것이 전부일 가능성이 크다. 한 시즌 내내 메인PD로 활약하려면 상당한 인내가 필요하다.

이태산 PD는 자신을 스스로 평가하면서 '기획력이 부족하다'고 했다. 생중계 경험은 연차 대비 많이 한 게 사실이지만, 그만큼 매거진 프로그램 제작의 경험은 많지 않다. 그는 "기획력이 약해서 고민이다. 그래서 요즘엔 K리그 매 라운드가 끝나면 메모장에 아이디어를 적어둔다. 시즌 종료 이후에 결산 프로그램을 만든다는 생각으로 이것저것을 기록한다. 그러다 보면 재밌는 아이디어들이 생각난다. 평생 생중계만 할 건 아니기 때문에 틈틈이 준비하고 있다"고 말했다. 마지막으로 이태산 PD에게 지망생들이 알아두면 좋은 내용들을 물어봤다.

TIP 1 규칙적인 생활은 포기하라

일명 '워라밸'이 맞지 않아 퇴사하는 신입 PD가 꽤 많다. PD의 멋진 모습만 보고 입사를 했으나 현실은 밤샘 작업이니 그럴 만도 하다. 낮밤이 바뀌는 건 기본이니 각오가 필요하다. 나 같은 경우는 늦게 자는 편이라 어렵지 않게 적응할 수 있었다. 게다가 스포츠는 일반적으로 빨간날(쉬는날)에 열린다. 어린이날, 어버이날, 설날, 추석 등은 포기하는 게 좋다. 물론 남들 일할 때 쉬면서 보상받을 수는 있다.

TIP 2 거친 환경은 어쩔 수 없다

스포츠 채널은 생중계 위주라 급박하게 돌아간다. 현장에서 실수가 나오면 안 되기 때문에 소리를 치거나 거친 말을 하는 경우가 종종 발생한다. PD들의 실제 성격과는 무관하게 생방송 중에는 모두가 예민해진다. 그만큼 험한 바닥이다. 이걸 못 버티는 사람이 꽤 많다. 험한 말을 듣고 참지 못해 크게 싸우고 퇴사하는 경우도 가끔 볼 수 있다. 일부러 트집을 잡아서 트레이닝 시키는 경우도 있다. 차분하고 부드러운 분위기 속에서 일하고 싶다면 이 바닥에 들어오지 않는 것이 좋다.

TIP 3 멘탈을 잘 잡아야 한다

위의 내용과 이어진다. 처음에는 버튼 하나 누를 때 손가락이 바들바들 떨린다. 이때 침착해야 한다. 멘탈이 흔들리게 되면 나뿐만 아니라 주위 동료들까지도 피해를 보게 된다. 결국 판단력이 중요하다. 동작이 느린 사람들은 맞지 않은 직업이라고 생각한다. 스포츠는 언제나 돌발 상황이기 때문에 순간 판단력이 화면의 질을 결정할 수 있다. 그렇기 때문에 경기가 끝나기 전까지는 멘탈이 흔들리면 절대 안 된다.

TIP 4 방송 용어는 알아두자

편집 프로그램을 열심히 공부해서 입사하는 PD들이 있다. 사실 프로그램은 입사하고 나서 배우면 된다. 오히려 프로그램을 못 다루는 신입 PD가 나중에는 더 잘하는 경우도 있다. 편집 프로그램을 공부할 시간에 해외 영상을 하나 더 보면서 자신만의 아이디어를 늘려가는 게 훨씬 더 낫다. 다만 방송 용어는 숙지하고 오는 게 도움이 된다. 특히 비전공자라면 방송 용어집을 사서 공부해보는 걸 추천한다.

TIP 5 방송국을 경험해보자

JTBC 골프&스포츠로 이직할 때 면접을 봤는데, 거의 다 경험 위주로 답했다. 공부해서 알게 된 내용이 아니라 실전에서 느낀 내용을 말했다. 그래서 실무를 경험해보는 게 중요하다. 꼭 직접 하지 않더라도 옆에서 볼 수 있는 경험을 쌓는 게 좋다. PD는 아니지만 오디오 보조 아르바이트를 하다가 오디오 감독이 되는 경우도 봤다. 면접을 볼 때 '하고 싶은 프로그램은 무엇인가'라는 질문을 꼭 물어본다. 이때 막연하게 인터넷에서 본 내용을 말하기보다는 경험을 바탕으로 이야기하면 훨씬 더 높은 점수를 받을 수 있다.

TIP 6 훌륭한 선장이 되어야 한다

PD는 프로그램을 이끌어가는 선장이라는 말이 있다. PD가 화면만 잘 넘겨서 되는 게 아니다. 기술팀과 카메라팀 그리고 출연진들을 모두 아우를 수 있어야 한다. 생중계 현장에서는 30~40명의 사람들을 통솔해야 한다.

이들은 모두 PD에게 자신의 고충을 이야기한다. 중간에서 조율을 잘해야 좋은 중계방송이 완성된다. 그렇기 때문에 사람들을 대하는 기술이 반드시 필요하다. 나서서 뭔가를 결정하는데 어려움이 있는 성격이라면 이 직업을 다시 생각해보는 게 좋다.

● ● ●

이태산 PD는 본인처럼 규모가 크지 않은 채널에서 시작하는 것도 나쁘지 않다고 했다. 지상파 계열 스포츠 채널만 기다려서는 취업이 쉽지 않아서 그렇다. 그리고 그곳에서도 경력이 없으면 뽑지 않기 때문에 일단 스포츠 중계 시장에 들어오는 걸 추천했다. 이태산 PD는 "이 바닥은 매우 좁아서 소문이 빠르다. 누가 잘한다고 하면 정말 빠르게 성장할 수 있다. 반대로 누가 못한다고 소문이 나면 기회가 점점 줄어들 것이다. 그런 특성을 잘 이용한다면 본인이 원하는 채널에서 일할 수 있는 기회가 주어질 것이다"고 강조했다.

MIXED ZONE

PD 생활은 고되다. 특히 신입일수록 그렇다. 시키는 건 다 해야 한다. 귀찮은 일도 많다. 그 일이 PD와 관련된 업무가 아닐 때도 많은 게 사실이다. 초반에는 잡일부터 시작한다고 보면 된다. 실제로 생중계와 관련된 기계, 장비를 다루는 일은 입사하고 나서 한참 뒤에 가능하다. 군대에서 정신 무장을 한 다음에 총기를 다루는 느낌이랄까.

그래서 실제로 입사 초반에 빨리 그만두는 경우가 많다. '난 이런 일을 하려고 온 게 아닌데'라는 생각이 들어서다. 오자마자 중계에 투입되고, 스포츠 현장을 누비고, 내가 만든 화면이 TV에 나가는 일은 발생하지 않는다. 하지만 초반 2년 정도만 잘 넘기면 본인이 원하는 일을 하나씩 해볼 수가 있다.

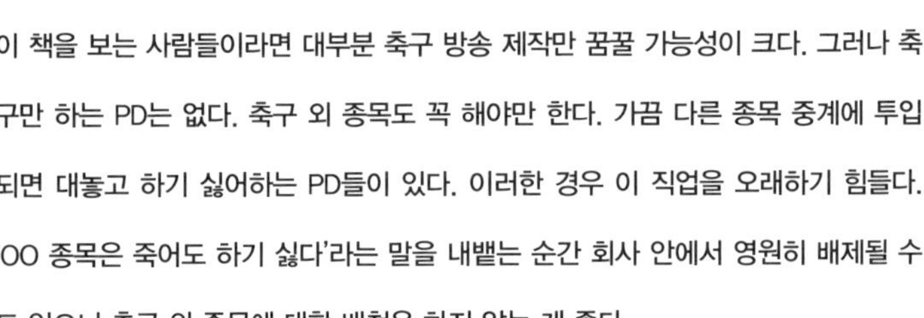

이 책을 보는 사람들이라면 대부분 축구 방송 제작만 꿈꿀 가능성이 크다. 그러나 축구만 하는 PD는 없다. 축구 외 종목도 꼭 해야만 한다. 가끔 다른 종목 중계에 투입되면 대놓고 하기 싫어하는 PD들이 있다. 이러한 경우 이 직업을 오래하기 힘들다. 'OO 종목은 죽어도 하기 싫다'라는 말을 내뱉는 순간 회사 안에서 영원히 배제될 수도 있으니 축구 외 종목에 대한 배척은 하지 않는 게 좋다.

영화나 드라마에서 묘사하는 PD는 항상 까칠한 편이다. 잠을 못 자서 예민하게 행동하는 것도 단골 레퍼토리다. 스포츠 PD도 크게 다르지 않다. '워라밸'은 없다. 새벽에는 일을 못하겠다면 이 직업을 갖는 게 불가능하다. 다만 방송국도 이제는 '잘 쉬어야 좋은 방송이 나온다'라는 것에 공감하는 분위기다. 그래서 근무 여건도 조금씩 개선되고 있다. 4~5년차를 넘어서는 순간부터는 잡일이 사라질 가능성이 크기 때문에 어느 정도 안정적인 생활이 가능하다.

스포츠PD라는 직업의 인기는 점점 떨어지고 있다. 유튜브가 대세가 되면서 다소 지루하게 느껴지는 방송국 생활을 꺼리는 사람들이 늘어났다. 경력직 PD들이 유튜브 제작 PD로 이동하는 경우도 심심찮게 볼 수 있다. 그러나 여전히 생중계에 대한 짜릿함은 스포츠 채널 PD만 느낄 수 있는 부분이다. 하이라이트 제작은 로봇(AI)으로 대체 가능한 시대라고 해도 생중계는 여전히 인간의 영역이다.

memo

김환

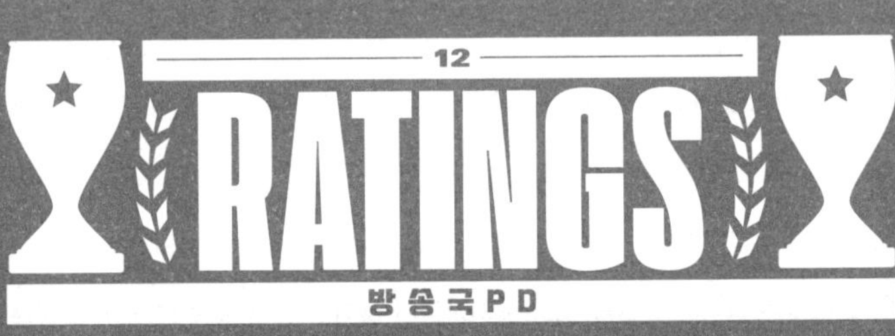

급여 수준	★★★★★★☆☆☆☆ 보통 직장인 수준	6.0
취업 난이도	★★★★★★★★☆☆ 일반적인 PD라면 기회가 많겠지만 스포츠, 축구만 생각하면 가능성이 낮다	8.0
향후 전망	★★★★★★★☆☆☆ 스포츠가 사라지지 않는 한 PD는 꼭 필요하다	7.0
업무 강도	★★★★★★★★☆☆ 새벽 중계가 많기 때문에 워라밸은 포기하는 게 좋다	8.0
업무 만족도	★★★★★★★★☆☆ 스포츠를 좋아한다면 만족도는 매우 높을 것	8.0

13

뉴미디어 PD

/ 축구도 축구 콘텐츠도 뉴미디어로 흥한다 /

NEW MEDIA PRODUCER

업무 개요

뉴미디어에 올릴 만한 영상을
기획하고 촬영하고 편집하는 일

급여 수준

연봉 3000만 원대 내외
(1년차 기준)

채용 방식

수시 채용

요구 어학 능력

뭐든 하면 좋지만 중요하지 않음

10년 전까지만 하더라도 영상 편집은 특수한 분야였다. 영상을 편집할 수 있다고 말하면 굉장히 특별하게 바라봤던 시절이 있었다. '영상 편집 프로그램은 어렵다'라는 인식이 있었고, 방송국 PD를 할 게 아니면 굳이 배울 이유가 없다고 생각했다. 먹고사는데 꼭 필요한 기술이 아니었다는 의미다.

하지만 이것이 나오면서 상황이 바뀌었다. 바로 동영상 플랫폼 유튜브다. 누구나 쉽게 영상을 올릴 수 있게 됐고, 운이 좋으면 돈도 벌 수 있게 됐다. 데스크탑, 태블릿PC 그리고 휴대폰으로도 영상 편집이 가능해지면서 요즘엔 편집을 전혀 못하는 사람이 오히려 이상하게 보일 정도가 됐다. 과거에는 방송국 PD만이 영상을 다루는 사람이었다면 이제는 누구나 도전할 수 있는 분야가 됐다. 특히 요즘에는 '보수적인 마인드를 가진 방송국보다는 자유로운 뉴미디어 회사로 취업하고 싶다'는 생각을 가진 PD 지망생들이 늘어나고 있다.

뉴미디어 PD는 실력만 있으면 학력과 학과는 중요하지 않다. 축구가 재밌어서, 편집이 성격에 맞아서, 새로운 걸 만들고 싶어서, 즐겁게 일하고 싶어서 등을 이유로 뒤늦게 편집 일을 배워 취업을 준비하는 케이스가 많다. 편집 프로그램을 다루는 기술적인 실력의 편차는 PD마다 크지 않다는 게 업계 사람들의 설명이다. 기술보다 더 중요한 건 기획 및 편집 아이디어다.

뉴미디어 PD가 일하는 형태는 매우 다양하다. 일단 유튜브 기획사 개념인 MCN(다중 채널 네트워크) 소속으로 일하는 PD가 있다. 다양한 채널

을 관리하면서 동시에 기획 및 촬영과 편집까지 한다. 이곳에서는 연예인이나 유명인이 나오는 대형 채널을 직접 개설해 제작하는 일도 한다. 다이아 티비, 샌드박스, 트레져 헌터 등이 대표적인 MCN 회사다.

뉴미디어 콘텐츠를 다루는 외주 프로덕션도 있다. 이곳에서는 한 분야에만 국한되지 않고 다양한 콘텐츠를 경험해 볼 수 있다는 게 장점이다. 다만 주도적인 일보다는 들어오는 일을 순차적으로 처리해야 되기 때문에 PD로서의 자율성은 조금 떨어진다. 독자들이 가장 관심 있는 건 아무래도 슛포러브, 이스타TV처럼 축구 콘텐츠를 주로 다루는 채널에서 일하

는 PD일 것이다. MCN 회사나 외주 프로덕션 PD는 축구만 할 수 없는 구조지만, 축구 채널에서는 거의 축구 관련 일만 하기 때문에 축덕 PD 지망생들이 꿈의 직장으로 생각하는 곳이다.

마지막으로 프리랜서 PD다. 보통 특정 채널에 소속돼 일을 하다가 퇴사한 다음, 그동안의 경력과 인맥을 통해 일을 받아서 하는 경우다. 복수의 채널의 콘텐츠를 제작해주면서 건 단위로 돈을 벌게 된다. 단기 계약으로 특정 프로젝트만 진행하고 나오는 형태로 일하는 PD도 있다.

급여는 천차만별이다. 개인 크리에이터 소속 채널에서 일을 할 경우엔 오너를 잘 만나야 한다. 채널 수익이 크고, 인심도 후하고, 동기부여를 잘 심어주는 크리에이터를 만나면 웬만한 직장인보다 더 많이 벌 수 있다. 스타트업 느낌의 영세한 채널에서 시작하면 기본 급여는 많지 않다. 다만 크리에이터에 대한 개인적인 호감도와 장래성을 판단해 급여를 조금 포기하고 커리어를 시작하는 경우도 있다. 프리랜서 PD는 시간과의 싸움이다. 시간을 많이 투자하면 더 벌 수 있다. 적당히 일하면 적당히 번다. 물론 실력이 어느 정도 보장됐을 때 이야기다. 워라밸을 스스로 맞추고 싶다면 프리랜서 PD도 나쁘지 않은 선택이다.

뉴미디어는 앞으로도 성장 가능성이 크다. 방송국 채널들이 너 나 할 것 없이 유튜브 채널을 만들고 있는 걸 보면 잘 알 수 있다. TV 프로그램이 없어지진 않겠지만 뉴미디어 강화는 이제 전체 방송국의 트렌드다. 여기에 개인이 운영하는 채널들도 쭉쭉 성장하고 있기 때문에 뉴미디어에서 필요로 하는 PD의 수는 점차 늘어날 가능성이 크다. PD를 하다가 직접 크리에이터가 되는 경우도 있으니 확장하여 발전시킬 가능성이 아주 많은 시장이라고 볼 수 있다.

뉴미디어 콘텐츠는 대부분 재미를 추구한다. 10분 내외로 승부를 봐야 하기 때문에 PD의 역량이 매우 중요하다. 어떤 자막, 어떤 노래, 어떤 효과를 주는지에 따라 콘텐츠의 성공 여부가 결정된다고 봐도 과언이 아니다. 지금 당장 편집 기술이 부족하더라도 스스로 영상을 구성하는 감각이 뛰어나다고 생각되면 일단 취미로라도 영상 편집을 시작해 연습해 보는 것도 나쁘지 않다.

뉴미디어 시장은 점점 커질 것으로 예상되나 '축구'라는 분야로만 좁혀서 보면 결코 쉽지 않다고 말하고 싶다. 일단 이 책, 이 파트를 유심히 읽는 독자들은 대부분 축구 채널에서 일하는 PD가 되고 싶을 것이다. 안타깝게도 PD를 직접 고용해서 쓰는 채널은 얼마 되지 않는다. 닉네임 '바밤바'와 '씨잼철'이 운영하고 있는 '비카인드' 정도가 대표적인 회사다. 슛포러브, 리춘수, 이거해조원희형, 이수날 등 대형 채널들은 직접 제작한다. 4개 채널을 운영하다보니 PD만 수십 명이다. 그 다음은 이스타TV다. 평균 8명 정도의 PD가 근무를 한다. 음성 편집을 겸하는 PD까지 더하면 총 10명이다.

하지만 이 두 개의 채널을 제외하면 대부분 많아 봐야 3명 내외의 PD를 고용한다. 아직까지는 본인이 직접 크리에이터와 PD를 겸하는 채널도 많아 뉴미디어 시장에서 축구 PD라고 불릴 만한 사람은 정말 손에 꼽는다. 축구가 아닌 스포츠, 더 나아가 대중적인 일반 콘텐츠까지 확장한다면 취업의 기회는 훨씬 더 늘어날 수 있다는 걸 언제나 염두에 두고 있어야 한다.

KEY PLAYER

박성묵

편집 능력 못지 않게 중요한 기획력 축구 외적인 콘텐츠도 만들 수 있어야 한다

뉴미디어 PD 박성묵, 김성효, 허원준, 이 세 영상 편집자는 각각 외주 제작사 소속, 특정 유튜브 채널 소속, 프리랜서라는 점이 다르지만 축구 관련 영상 콘텐츠를 만들었다는 공통점이 있다. 그들은 TV 방송의 프로듀서들보다 자율성을 갖고 일할 수 있다는 점이 매력적이나, 축구를 메인으로 다루더라도 축구 외적인 주제와 내용도 잘 풀어내 콘텐츠의 외연을 확장할 수 있어야 뉴미디어에서 살아남을 수 있다고 말한다. 또한 영상 편집 프로그램을 잘 다루는 것 이상으로 아이디어와 기획력이 중요하다고 조언한다.

GOAL
STUDIO
GOAL

디지털 콘텐츠 제작사 '플래디'에서 근무하는 박성묵 PD는 축구 하나만 바라보고 이 직업을 선택했다. PD를 준비하다가 축구 영상을 편집하게 된 게 아니다. 축구 관련 일을 하려다보니 PD가 된 케이스다. 20대 중반까지 편집 프로그램도 다루지 못했던 박성묵 PD는 어떻게 축구 영상 편집 전문가가 됐을까?

박성묵 PD는 20대 후반의 젊은 나이지만 벌써 3번의 이직을 경험했다. 4개의 회사 가운데 3개의 회사에서 영상 편집 일을 했다. 그 과정에서 느낀 게 참 많아 보였다. 결론부터 말하면 '축구만 해서는 쉽지 않겠구나'였다. '축구 밖에 몰랐던 학생이 현업에 뛰어들어 현실을 느끼는 중'이라고 표현하면 딱 맞을 것 같다.

언제부터 축구를 좋아했나요?

저는 2002년 월드컵때 초등학교 2학년 학생이었습니다. 그때 받은 깊은 인상이 지금까지 오고 있습니다. 월드컵 이후 수원에 살았기 때문에 자연스럽게 수원 삼성 경기를 자주 접할 수 있었습니다. 특히 2002년 월드컵 때 이운재 선수를 가장 좋아했는데 당시 수원 삼성에서 뛰고 있어서 TV 중계를 거의 빼놓지 않고 봤습니다. 그렇게 축구에 빠지게 됐고 자연스럽게 축구 관련 일을 하고 싶다는 생각을 막연하게 했습니다.

전공을 신문방송학과로 선택했습니다. 계획된 진학이었을까요?

축구 쪽에서 일을 하고 싶은데 가장 먼저 생각난 게 기자였습니다. 그래서 신문방송학과로 갔습니다. 막상 가보니 과에서 배우는 내용들이 기자와는 거리가 느껴졌습니다. 그래서 경영학과를 복수 전공했습니다. 약간의 보험이었습니다. 기자가 되지 못하더라도 경영학과를 전공하면 일반 기업 취업에 도움이 될 거라 생각했습니다.

축구 관련 일은 언제 처음 시작했나요?

군대 다녀온 후였습니다. 축구 쪽에서 일하려면 일단 뭐라도 시작해야겠다고 생각했습니다. 그래서 대외활동을 시작했습니다. 대학생 축구 기자단인 '청춘 스포츠'에 들어갔습니다. 지원서에 '글이 너무 길면 싫다', '그래서 난 짧게 쓸 거다' 등 거침없이 제 생각을 썼더니 합격을 했습니다. 기사를 보내 채택이 되면 인터넷 언론사인 오마이뉴스 홈페이지 올라가는 구조였습니다. 그 중에 괜찮은 건 다시 네이버로 보내졌습니다.

그렇게 기자를 준비하다가 왜 갑자기 영상을 접하게 됐나요?

저는 항상 '놀면 뭐해, 뭐라도 해야지'라고 생각하는 편입니다. 3학년으로 올라가는 겨울방학때 한 선배가 '너 놀고 있으면 공모전이나 해보자'고 제안했습니다. 학교에서 지원금이 나온다고 했고, 입상을 하게 되면 KBS 열린채널에 방영을 해주고, 대학교 졸업 작품도 면제라고 했습니다. 좋은 조건이라고 생각해 처음으로 영상을 만들어 봤습니다. 충남 당진에 있는 작은 학교를 다루는 다큐멘터리를 만들었습니다. 처음으로 영상을 찍어

봤고, 내레이션도 맡게 됐습니다. 결국 입상을 하여 100만원도 받고, 졸업 작품도 면제됐습니다. 이 사건을 계기로 영상과 가까워졌습니다.

영상 관련 일에 관심이 생겼겠네요.

맞습니다. 이후 3학년 1학기가 끝나고 해외 봉사단에서 영상팀을 뽑는다고 해서 지원을 했습니다. 입상 경력 덕분에 생각보다 쉽게 합격을 했습니다. 몽골 시골 마을인 셀렌게에서 2주 동안 아이들과 놀아주는 봉사였습니다. 태권도, 케이팝 등을 알려주는 과정이었습니다. 저는 영상 팀장을 맡아 그 모습들을 기록했습니다.

결과물은 어땠나요?

솔직히 말씀드리면 그때까지도 편집을 잘하지 못했습니다. 도서관에서 편집 관련 책을 빌려 몽골로 가는 비행기에서 계속 읽었습니다. 몽골에 도착해서 편집 프로그램인 프리미어 프로를 제대로 다뤄보기 시작할 정도였습니다. 처음에는 '내가 이렇게 못하다니'라고 생각할 정도로 심각했습니다. 그래서 본격적으로 편집 공부를 했습니다. 하지만 이때까지도 제가 영상 관련 일을 할 거라고는 생각하지 못했습니다. 여전히 축구 기자를 생각하고 있었습니다.

그럼 언제쯤 본격적으로 영상 관련 일을 하게 되나요?

봉사활동에서 돌아와 대학에서 '방송제작실습'이라는 과목을 들었습니다. 그 과목 교수님이 KBS PD 출신이십니다. 교수님은 3명이서 팀을 꾸려서 촬영을 하되 각자 따로 편집을 하라고 지시하셨습니다. 같은 소스를 가지고 각각 편집했을 때 얼마나 다른 결과물이 나오는지 보여주고 싶으셨던 것 같았습니다. 조원들에게 당시 2부 리그에 있던 충남 아산 무궁화 축구단과 관련된 영상을 만드는 게 어떻겠냐고 제안했습니다. 무작정 구단에 전화했는데 관계자 분이 굉장히 흔쾌히 허락을 해주셨습니다. 경기 내용 촬영은 좀 뻔하고 선수들에게 접근하는 것도 좀 평범해서 아니다 싶었습니다. 그래서 축구장을 구성하는 사람들에 대한 이야기를 주제로 촬영을 시작했습니다. 조원들과 함께 촬영을 했고, 각자 스타일대로 편집을 해서 제출했습니다. 함께 촬영했는데 편집 결과물은 다 제각각이었습니다. 이때부터 영상 촬영과 편집이 재밌어졌습니다.

그렇게 영상 관련 일을 시작하게 됐군요.

아닙니다. 이후 잠시 신용정보회사에 다녔습니다. 인턴십을 하다가 취업까지 된 케이스입니다. 회사를 다니면서도 축구 관련 일을 하고 싶어서 인터풋볼, 풋볼리스트 같은 매체에 지원했다가 떨어진 적이 있습니다. 축구 업계 분위기를 보니 영상편집을 할 줄 알아야 일을 할 수 있겠다는 확신이 생겼습니다. 10개월 정도 회사를 다니다 결국 2019년 봄쯤 축구 매체인 스포탈 코리아에 영상 PD로 채용되어 이직에 성공했습니다.

하지만 얼마 지나지 않아 2020년 8월 골닷컴으로 회사를 옮겼습니다.

영상 팀이 제대로 꾸려지지 않은 곳에서 일하다 보니 어려움이 많았습니

교보생명
하나은행
kt

다. 유튜브에서는 쉽지 않아 네이버TV에 집중해 월 200만원 수익을 내기도 해봤지만 코로나가 터지면서 콘텐츠 제작에 어려움이 커져갔습니다. 그래서 이직을 생각하던 즈음 골닷컴 코리아를 운영하는 WAGTI라는 회사에서 모집 공고가 떴습니다. 골닷컴은 축구 매체인데 K리그 영상 이용 권리를 가지고 있었고, 그뿐 아니라 의류, 향수 등의 제품을 만들고 있어서 다양한 것들을 해볼 수 있다고 생각했습니다. 골닷컴으로 가지 못하면 축구 영상 일은 이제 그만한다는 마인드로 준비했습니다. 면접 분위기는 좋았습니다. 면접 이후 1시간 동안은 편집 실습 테스트를 봤습니다. '합격하게 되면 오늘 바로 연락 주겠다'는 말을 듣고 면접장을 나왔습니다. 그런데 그날 저녁 10시가 넘었는데도 연락이 없었습니다. 그 짧은 3시간가량은 여자친구와 헤어졌을 때보다 힘들었습니다. 이제 축구 일은 그만해야겠다고 생각했습니다. 그런데 저녁 10시 18분쯤 연락이 왔습니다.

막상 가보니 어땠습니까?

저는 너무 좋았습니다. 일단 K리그 영상을 쓸 수 있다는 게 컸습니다. 초반에 올린 영상이 100만 조회수를 기록하기도 했습니다. 아무래도 작은 회사이다 보니 영상 기획, 구성, 자막, 촬영 등을 제가 다 할 수 있어 역량을 늘리는 데 큰 도움이 됐습니다. 축구만 했던 건 아닙니다. 모기업과 관련된 회사의 다른 일들도 맡아서 했습니다. SK 핸드볼팀, 농심 등과도 함께 일을 했습니다. 이때부터 축구 영상만 해서는 안 된다고 느끼기 시작했습니다. 축구를 너무 좋아하지만, PD로서 성장하려면 축구 외의 것도 해봐야 한다고 느꼈던 순간입니다. 그렇게 1년 반을 일했습니다.

축구 매체에 있다가 갑자기 외주 프로덕션으로 옮겼습니다. 어떻게 된 일이죠?

쿠팡플레이가 국가대표팀 다큐멘터리를 만든다는 이야기를 들었습니다. 축구 쪽에서 할 수 있는 가장 큰 프로젝트라고 생각했습니다. 그래서 해보고 싶었습니다. 조사해보니 '플래디'라는 프로덕션에서 외주를 받아 제작을 한다는 걸 알게 됐습니다. 그래서 무작정 메일을 썼습니다. 축구 매체에서 영상을 편집하고 있는 사람인데, 같이 해보고 싶다고 말했습니다. 플래디는 정부 영상, 웹드라마, 웹예능 등을 만드는 회사였습니다. 그러다 보니 축구 국가대표팀 다큐멘터리를 만들려면 저와 같이 축구를 아는 사람이 필요한 상황이었습니다. 바로 미팅을 갖자고 연락이 왔습니다. 저는 단기 계약직이나 프리랜서 정도를 생각했으나 정직원 제안이 들어왔습니다. 나중에 들은 이야기로는 축구를 잘 아는 것도 있지만, 책임감 있게 끝까지 할 수 있을 것 같아 뽑았다고 하더군요. 그동안 제가 걸어온 길이 틀리지 않았다는 걸 느꼈습니다.

2022년 여름 현재는 축구대표팀 다큐멘터리를 만들고 있는 거죠?

맞습니다. 이 일은 축구 영상 업계에서 할 수 있는 '끝판왕'이라고 생각합니다. 제가 직접 대표팀 내부로 들어가진 않지만, 대표팀의 생생한 영상을 제 손으로 편집할 수 있어 큰 기회라고 생각하고 있습니다. '내 인생에 언제 이런 일을 해보겠나'라는 생각으로 진행 중입니다. 매우 힘든 작업인 만큼 솔직히 '워라밸'이 좋은 편은 아닙니다. 이 프로젝트는 2022년 가

을쯤 끝이 납니다. 축구 영상 제작회사로 온 게 아니기 때문에 이 프로젝트 이후엔 다시 축구 영상을 편집하지 못할 수도 있습니다. 하지만 지금은 국가대표팀 다큐멘터리를 만드는 PD라는 자부심으로 일을 하고 있습니다.

좋은 영상 제작자가 되려면 어떤 마인드가 중요할까요?

영상을 볼 때 뜯어서 보는 습관을 가져보면 좋을 거 같습니다. 최고의 연습은 영상을 보면서 직접 콘티를 써보는 겁니다. 그렇게 뜯어서 보면 제작자의 마인드로 영상을 볼 수 있습니다. '무엇을 보면서 해야 하나요'라고 물어보면 본인이 재밌게 본 영상이라고 답할 수 있겠습니다. 예를 든다면 스포츠 유튜브 채널 '스포츠머그'에 올라오는 영상을 분석해서 어떤 주제를 잡았고, 어떻게 살을 붙였으며, 어떤 제목과 썸네일을 썼는지 공부하면 좋을 것 같습니다.

편집 프로그램을 굉장히 늦게 다루기 시작했는데, 그래도 괜찮은 건가요?

만약 고등학생이라면 편집 프로그램을 지금 당장 배울 필요 없다고 말하고 싶습니다. 대학생도 편집 프로그램을 공부하되 거기에만 몰두하지 말라고 말하고 싶습니다. 기술이 필요하면 그때 배워도 늦지 않습니다. 그 대신 영상 구성을 어떤 방식으로 할지 더 고민하는 걸 추천합니다. 영상의 몰입도를 높이기 위해 배경음악, 효과음, 자막은 어떻게 쓸지 생각하면 더 좋습니다.

영상 일을 늦게 시작했음에도 불구하고 여기까지 올 수 있었던 비결은 무엇일까요?

매사에 적극적인 성격이라는 게 가장 컸던 것 같습니다. 안 될 것 같으면서도 항상 도전을 했습니다. 그리고 직접 이 일을 해보니 식견이 넓은 게 정말 큰 도움이 됩니다. 위에서도 말했지만 축구에만 매몰되지 말라고 말씀드리고 싶습니다. 결정적으로 축구만 하려고 하면 일할 곳이 정말 몇 군데 없습니다. 운이 좋게 축구 채널에서 오래 근무할 수 있다면 가장 좋겠지만, 항상 다른 분야로 확장할 수 있는 걸 고민해야 합니다.

수입적인 측면도 중요할 것 같습니다.

회사마다 차이가 나겠지만 평균적으로 3000만원 내외의 연봉을 받는다고 생각하시면 됩니다. 뉴미디어 특성상 퇴근 후에 외부 일을 하더라도 별 다른 터치를 하지 않는 곳도 있다고 들었습니다. 그래서 퇴근 이후나 주말에 집에서 아르바이트로 편집을 하시는 분들도 꽤 있습니다. 그러면 수입은 만족할 만한 수준이 될 수도 있습니다.

축구 영상을 편집하려면 축구에 대해 얼마나 알아야 될까요?

공부하기보다는 자연스럽게 습득하는 게 중요한 것 같습니다. 저는 어릴 때부터 축구를 많이 봐왔기 때문에 어느 정도 감이 있다고 생각합니다. 그렇다고 엄청난 마니아 골수팬이 될 필요는 없습니다. 라이트한 팬과 골수팬 사이 정도? 축구 콘텐츠를 만들다 보면 팩트가 상당히 중요합니다. 그래서 오류 사항은 수정할 줄 알아야 합니다. 그러나 영상을 만들 땐 항상 라이트팬의 마음으로 만듭니다. 우리 어머니가 봐도 쉽게 이해할 만한 콘텐츠를 만드는 게 제가 만든 영상의 목표입니다.

● ● ●

박성묵 PD는 더 넓은 세상을 선택했다. 그렇다고 축구가 싫어지거나 축구 영상 편집을 하기 싫다는 건 아니었다. 단지 축구라는 콘텐츠를 자신이 다룰 수 있는 수십 가지 영상 중 한 가지 정도로만 생각하겠다는 의미였다. 축구만으로 평생 일할 수 있다면 행복하겠지만, 대부분이 그럴 수 없는 환경이기 때문에 조금 내려놓는 마인드가 필요하다고 계속해서 강조했다.

INJURY TIME

'난 그래도 축구만 할거야'라고 생각하는 사람들이 분명 있을 것이다. 그래서 추가 시간을 준비했다. 아마 많은 뉴미디어 PD 지망생들이 가고 싶어 하는 채널일 것이다. 이스타TV에서 일하고 있는 김성효 PD를 만났다. 이스타TV 초창기에 입사한 인물이다. 팬들 사이에서는 두 번째로 입사했다고 해서 '요원 투'로 알려져 있다. 대학교 3학년 때부터 영상에 관심을 가진 박성묵 PD와는 다르게 김성효 PD는 중학교 때부터 PD를 꿈꿔왔다.

INTERVIEW

김성효

특별한 고등학교를 졸업했던데요.

원래는 축구 해설위원이 되고 싶었습니다. 그래서 이것저것 찾아보니까 되는 길이 안 보였습니다. 결국 축구 PD까지 생각하게 됐습니다. 그러다 특성화 고등학교인 경기영상과학고등학교로 가면 PD가 될 수 있다는 이야기를 들었습니다. 처음에는 방송국 PD만 생각하고 진학을 했습니다. 그땐 몰랐습니다. 방송국에 가려면 학력이 중요하다는 걸. 당시에는 영상만 잘하면 된다고 생각해서 특성화 고등학교 진학을 선택했습니다.

영상과학고등학교에서는 편집 기술을 가르치나요?

저는 미디어학과였습니다. 초반에는 프리미어 프로와 포토샵 위주로 배웠습니다. 2학년 말부터는 애프터 이펙트와 3D마야 같은 고급 프로그램을 배웠습니다. 학교 내에 스튜디오가 있어 카메라 활용법도 익히게 됩니다. 이후 대학에 가려는 친구들과 취

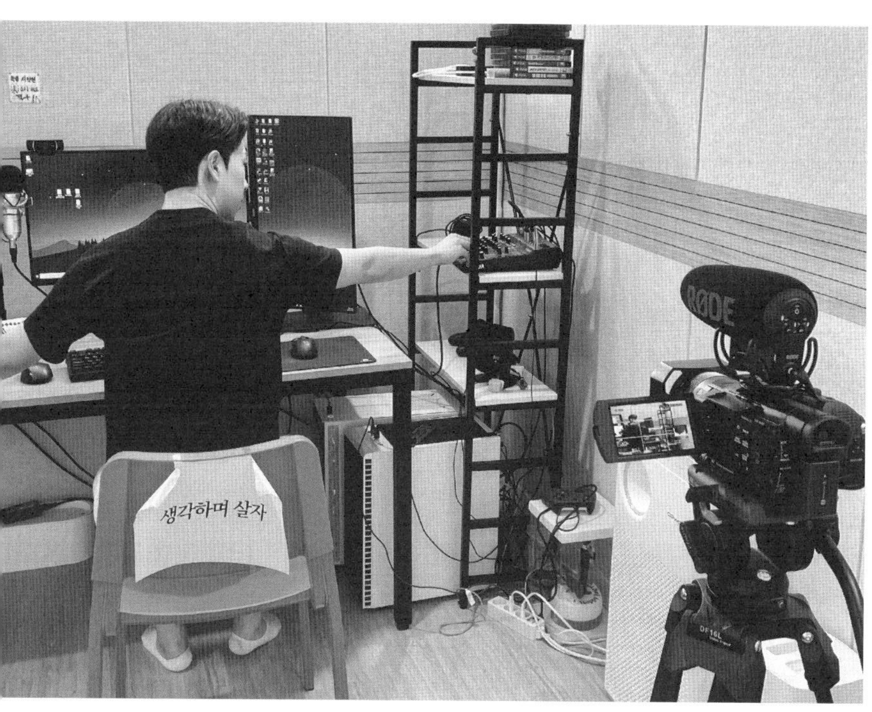

직을 하려는 친구들이 반반 정도로 나뉘게 됩니다. 방송국 PD가 되려면 대학에 가야 했기 때문에 공부를 하기 시작했습니다. 야간 자율학습에 참여하면서 대학 진학을 목표로 노력했습니다. 반에서는 3~4등 수준이었습니다. 2014년 수능은 정말 어려웠습니다. 그런데 그게 문제가 아니었습니다. 언어영역 비문학을 모두 밀려서 마킹했습니다. 2등급이라고 알고 있었는데 결국 5등급이 나왔습니다. 재수를 할까 고민하다 학점은행제를 통한 편입을 선택했습니다. 결국 당시 한국방송아카데미라고 불리는 학교로 갔습니다. 100% 실무 위주였습니다. 지금 제가 하고 있는 업무의 90% 이상을 이곳에서 배웠습니다. 1학년을 다니다 군대에 가게 됐습니다. 군대에서는 생각할 시간이 많습니다. 영상 일에 대한 회의감이 느껴졌고 직업군인을 하려고 전문하사가 됐습니다. 그런데 막상 해보니 성향에 맞지 않았습니다. 그래서 결국 전역을 했습니다. 백수가 된 지 1개월이 되던 시점에 페이스북에서 모집 공고 하나를 봤습니다.

이스타TV였나요?

당시 제 페이스북 계정은 많은 축구 해설위원들과 친구가 맺어져 있었습니다. 이주헌 해설위원이 공유한 내용을 보니 이스타TV의 영상 편집자를 뽑는다는 내용이었습니다. 처음에는 아르바이트라고 생각했습니다. 새벽에 이력서를 써서 보냈습니다. 이후 면접 연락을 받고 사무실로 갔습니다. 그런데 이주헌 해설위원이 앉자마자 '아! 이력서 뽑은 거 차에 놓고 왔다. 이력을 말로 좀 설명해주세요'라고 했습니다. 그래서 '되게 자유로운 곳이겠다'라는 생각을 했습니다. 당시가 2018년 8월이었습니다. 그렇게 4년을 일했습니다.

방송국 PD를 꿈꿨는데 뉴미디어로 왔습니다.

취업 전까지 유튜브 영상을 편집할 거라고 생각해본 적은 한 번도 없었습니다. 당시까지만 하더라도 PD라고 하면 당연히 방송국이었기 때문입니다. 사실 2년차 정도까지는 방송국에 대한 꿈이 남아 있었습니다. 그런데 일을 하다 보니 실제 방송국 PD들을 여럿 알게 됐고, 그들의 생활을 들을 때마다 쉽지 않겠다고 생각했습니다. PD가 중심이 되는 게 아니라 시키는 일만 하는 느낌이었습니다. 반면에 이스타TV는 제가 직접 기획을 하고 성사시킬 수 있는 분위기였습니다. 그래서 뉴미디어 쪽이 더 맞겠다 싶어 방송국에 대한 마음은 아예 접었습니다.

가족들의 반응이 어땠나요?

처음에는 솔직히 좀 힘들었습니다. 특히 할아버지와 할머니에게 제 직업을 설명하지 못했습니다. 하지만 이제는 할아버지와 할머니께서도 유튜브을 잘 알고 계십니다. 그래서 제 직업을 설명하기가 쉬워졌습니다. 시간이 좀 필요했지만 결국은 극복했습니다.

이스타TV와 같은 축구 채널에서 일하려면 무엇을 할 줄 알아야 됩니까?

프로그램은 최소 2개 정도는 할 줄 알아야 합니다. 영상 편집 툴 하나, 포토샵 하나. 가끔 인스타그램으로 '이스타TV에 취직해서 일하면서 배우고 싶다'는 내용의 메시지가 옵니다. 그런데 뉴미디어 쪽은 와서 배우는 게 거의 없습니다. 오자마자 무언가를 해야 합니다. 그래서 미리 프로그램을 공부하는 게 좋습니다. 편집은 좀 못해도 괜찮습니다. 아이디어가 좋으면 좋은 평가를 받을 수 있습니다. 한마디로 유튜브 감성을 잘 감지하는 사람은 유리합니다.

나만의 특별한 기술이 있으면 좋지 않을까요?

필살기가 있으면 좋습니다. 저는 디자인 능력이 좋은 편이라고 생각합니다. 그리고 이스타TV 안에서 썸네일 합성을 제일 잘하는 편입니다. 그런데 다른 채널에는 제 기술이 필요 없을 가능성이 높습니다. 그래서 채널에 맞는 필살기를 가지고 있는 게 중요합니다. 이스타TV에서는 이적하는 내용을 다루다 보니 선수에게 새 유니폼을 미리 입혀야 합니다. 이때 제 합성 기술이 잘 통하는 것 같습니다.

☛ 축구는 어느 정도 알아야 하나요?

이스타TV만 놓고 말씀드리면 많이 알아야 합니다. 출연진이 모든 팩트를 체크할 수는 없습니다. 놓치는 경우도 있습니다. 그래서 PD들도 잘못된 정보를 거를 줄 알아야 합니다. 그리고 많이 알아야 편집할 때 재밌는 요소를 넣을 수 있습니다. 단순히 편집만 하고 자막을 넣는 게 아니라 재미 포인트를 줘야 하기 때문에 작가적인 마인드도 필요합니다.

☛ 이스타TV의 파급력으로 인해 부담도 될 것 같습니다.

인터넷에서 유행하는 웃긴 내용을 보고 기억해 두는 경우가 있습니다. 그걸 편집에 반영하고 싶은 게 PD의 마음일 것입니다. 그런데 영상과 어울리지 않을 수도 있습니다. 또 본인만 재밌는 내용일 수가 있습니다. 그래서 판단력이 중요합니다. 최대한 보수적인 마인드가 필요합니다. 아무리 웃음을 주는 채널이라고 하더라도 웃음 욕심 때문에 정보 전달과 같은 기본적인 걸 대충해서는 안 됩니다. 그래서 저뿐 아니라 모든 PD들이 상당히 보수적으로 접근합니다.

☛ 하루 일과가 궁금합니다.

오전에는 주제 선정을 합니다. 보통 PD는 출연진이 나누는 대화를 참고만 합니다. 그리고 업무 배정이 이뤄집니다. 제가 편집할 주제가 정해지는 겁니다. 예를 들어 '추아메니 레알마드리드 이적설'이라고 가정하면 오전 중에 대본이 저에게 전송됩니다. 그러면 대본을 보면서 미리 배경화면 몇 개를 만들어 둡니다. 그 사이 출연진들은 영상을 찍습니다. 이후 영상이 제게 도착하면 미리 만들어 놓은 배경화면을 적당하게 배치합니다. 그리고 부족한 배경화면과 자막을 메웁니다. 썸네일은 급한 경우가 아니면 맨 마지막에 만듭니다. 최종본을 보면서 어떤 썸네일이이 가장 재밌을지 고민하는 게 베스트입니다. 그리고 영상과 썸네일을 제작팀장에게 넘겨 검수를 받습니다. 애매한 포인트가 있으면 출연진을 불러 미팅을 합니다. 그래도 어려우면 박종윤 대표님과 논의합니다. 그렇게 1개의 영상이 올라갑니다. 영상 제목은 제작팀장 중심으로 만들어집니다. 그러면 제 일과는 끝이 납니다.

☛ 그러면 하루 평균 1개의 영상을 만드나요?

평균 1개입니다. 그런데 사람이 부족하거나 편집할 내용이 간단하면 2개도 만듭니다. 예능 영상을 담당하는 PD는 2일에 걸쳐서 1개를 만들기도 합니다.

☛ 이스타TV 기준으로만 봤을 때 PD에게 가장 요구되는 능력은 무엇인가요?

이스타TV는 축구 정보를 전달하기 때문에 시의성이 중요합니다. 그래서 편집 속도가 빠르면 좋습니다. 결국 손이 빠르면 유리합니다. 그러면서도 정확해야 하기 때문에 마냥 빠르기만 한 것은 의미가 없을 수도 있습니다.

☛ 수익이 궁금합니다.

일단 뉴미디어 PD의 평균적인 월급은 200만원 기준으로 생각하면 됩니다. 대부분 200~300만원 사이에서 결정됩니다. 중요한 건 인센티브 유무입니다. 일단 이스타TV에는 인센티브 제도가 많습니다. 가장 기본적인 인센티브는 전체 조회수와 비례해서 나옵니다. 그리고 이달의 우수 영상 등 소소한 시상식도 있어 추가 상금이 수여됩니다. 채널이 안정적으로 유지되는 편이라 수익적인 측면에서는 매우 만족하고 있는 상황입니다.

● ● ●

이스타TV도 결국 회사다. 즐겁게 일하는 편이지만 그 안에서의 소소한 사회생활이 존재한다. 어떤 사람은 이러한 회사 생활과 분위기에 대해 어려움을 느끼기도 한다. 그래서 생각보다 많은 PD들이 프리랜서를 선호한다. 집에서 편한 옷을 입고 누구의 방해도 받지 않은 채 데드라인만 바라보며 편집을 하는 게 목표인 사람도 있을 것이다. 다음으로 '구자철 Official' 채널에서 3년간 일을 하다 퇴사해 프리랜서로 활동 중인 허원준 PD에게 자유로운 삶에 대해 들어봤다. 이제 그는 축구와 조금 거리가 먼 삶을 살고 있다.

INTERVIEW
허원준

어떻게 뉴미디어 쪽에서 일을 하게 됐나요?

동국대학교 영화영상학과에서 편집 전공을 했습니다. 생활 전선에 빨리 뛰어 들어야 하는 사정 때문에 졸업은 하지 못했습니다. 도중에 경찰 공무원 준비로 잠시 관련 일을 다 멈추기도 했습니다. 결국 먹고 살기 위해 뉴미디어 PD를 선택했습니다. 인터넷 강의 촬영 아르바이트를 통해 처음으로 관련 일을 시작했습니다. 그러다가 대학교 친구가 유튜브에서 자동차 채널을 하시는 분을 소개해줘서 일을 시작했습니다. 그렇게 뉴미디어 쪽으로 들어오게 됐습니다.

편집 공부는 어떻게 했나요?

사실 학교 다닐 때는 편집을 잘 하지 못했습니다. 오히려 군대에서 편집 프로그램 프리미어프로를 마스터하고 나왔습니다. 보직이 정훈병이었는데 어쩌다 보니 군대 관련 영상을 만들게 됐습니다. 안에서 기술 하나를 장착하고 나와야겠다고 생각해서 공부를 본격적으로 시작했습니다. 지금도 군대에서 공부한 기술을 바탕으로 일을 하고 있습니다.

자동차 쪽에서 축구 쪽으로 넘어왔네요.

자동차 채널 2개를 거쳤습니다. 사실 제가 크게 관심 있는 분야는 아니었습니다. 그런데 축구는 제가 좋아하는 분야였습니다. 공무원 준비할 때부터 축구 팟캐스트 '히든풋볼'을 열심히 들었습니다. 당시 이 콘텐츠를 영상화하면 재밌을 것 같다는 생각도 했습니다. 기회가 되면 축구 쪽에서 일하고 싶다는 생각을 하고 있었습니다. 그러다가 구자철 선수가 유튜브를 함께할 PD를 구한다는 소식을 듣고 지원하게 됐습니다. 다른 사람들은 모르는 축구 선수의 생활을 콘텐츠로 만들 수 있어 되게 새로운 경험을 많이 했습니다. 구자철 선수가 해외 생활을 마치고 국내로 들어오면서 유튜브를 잠시 멈췄고, 저도 자연스럽게 프리랜서가 됐습니다.

프리랜서의 생활은 어떤가요?

자기 관리나 시간 관리를 잘하는 스타일이면 프리랜서를 해도 좋다고 생각합니다. 능

력이 어느 정도 있다는 가정 하에 본인이 열심히 하면 많이 버는 구조니까요. 회사 생활을 적당히 하면서 지내고 싶은 사람들은 힘들 수도 있습니다. 특히 매번 돈 이야기를 직접 해야 되는 게 생각만큼 쉽지 않습니다. 고객이 가격을 물어봤을 때 확실하고 깔끔하게 말할 수 있는 스킬이 필요합니다.

그리고 축구 일을 만나기가 정말 어렵습니다. 영상 편집 일을 찾는 사이트에도 축구 관련 작업은 거의 올라오지 않습니다. 앞으로도 축구 관련 일이 들어오기는 쉽지 않을 것이라고 생각합니다.

프리랜서는 일을 어떻게 구하나요?

'크몽'이나 '편집몬'과 같은 사이트를 이용합니다. 직접 프로필을 올려도 되고, 일을 의뢰하는 사람에게 연락해도 됩니다. 요즘은 영상을 만들려는 사람이 많기 때문에 일을 구하는 건 크게 어렵지 않습니다. 특히 전공자 출신이라는 걸 강조할 경우 연락이 꽤 오는 편입니다. 영상 시장이 커지면서 의뢰자도 많아졌지만 편집할 수 있는 인력도 늘어났습니다. 그런데 그만큼 전반적인 퀄리티도 떨어졌다고 봅니다. 불성실한 PD들이 꽤 많습니다. 그래서 본인이 성실하게만 할 수 있다면 프리랜서로 자리를 잡을 수 있습니다.

인맥도 중요하나요?

무시할 수 없습니다. 저는 영화영상학과 출신이다 보니 이쪽 일을 하는 사람들이 주변에 많은 편입니다. 그러다 보니 일을 서로 나눠주는 경우도 있습니다. 프리랜서로 6개월간 일하면서 새로운 인맥도 생겼습니다. 과거 저에게 일을 맡겨 주신 분인데, 그 분이 또 다른 업체를 소개해줘서 일이 늘어나기도 했습니다. 마감 기한을 어기지 않고 성실하게 일하다 보면 좋은 인맥들이 생겨나기 마련입니다.

프리랜서의 수익 구조는 어떻게 되나요?

유튜브 편집이 주요 수입원이라고 생각할 수 있지만 그렇지 않습니다. 일단 유튜브 편집은 단가가 상대적으로 가장 낮습니다. 10분짜리 내외 영상을 만드는 데 10만원을 주겠다는 곳이 대부분입니다. 심지어 8~9만원으로 요청하는 곳도 있습니다. 오히려 기업 또는 교육 영상의 단가가 훨씬 높습니다. 기업 영상 같은 경우엔 요구사항이 많은 편이기 때문에 손이 많이 간다는 단점이 있지만 단가가 괜찮습니다. 3분짜리 영상을 만드는 데 40~50만원을 받는 경우도 있습니다. 그리고 교육 영상 같은 경우는 대개 큰 단위로 계약하는 편입니다. 예를 들어 '15분짜리 영상 100개'를 의뢰하는 경우입니다.

그러면 기업 영상이 가장 중요할 것 같습니다.

기업 영상은 수익적인 측면에서 큰 도움이 됩니다. 하지만 만족감을 드리지 못하면 다시는 저를 찾지 않습니다. 그래서 일반 유튜브 영상보다는 훨씬 더 신경을 써야합니다. 반대로 일을 잘하면 계속 일을 이어갈 수 있습니다. 역시나 하기 나름입니다.

👉 프리랜서로서 가장 힘든 점은 무엇인가요?

제가 갑자기 중요한 집안 사정으로 인해 2주간 일을 못했던 적이 있습니다. 함께 일을 진행하던 곳에 양해를 구해 영상 제공에 차질이 없게 계획을 짰는데도 5군데 가운데 2군데의 일이 끊겼습니다. 프리랜서지만 결코 '프리'하지 않습니다. 항상 마음이 불편합니다. 마감 기한이 있기 때문에 언제나 쫓기는 마음입니다. 직장인처럼 3~4일 이상 연이어 쉬는 휴가는 생각하기 힘든 상황입니다.

👉 그렇게 일하다 보면 건강 문제도 생길 것 같습니다.

프리랜서가 되자마자 초반 3개월은 쉬지 않고 일했습니다. 그래서 월 500만원 넘게 벌 수 있었습니다. 그런데 매일매일 장시간 앉아 있다 보니 허리에 문제가 생겼습니다. 힘들게 번 돈의 상당수를 병원비에 쓸 수밖에 없었습니다. 그 뒤로는 되도록 주말은 쉬는 일정으로 스케줄을 잡습니다. 물론 일을 줄이자 수익이 300만원대 정도로 내려왔습니다. 그래서 스스로 시간을 잘 조절해야만 합니다.

👉 프리랜서 PD로서 발전 가능성은 어느 정도일까요?

이 일의 단점은 일의 단가가 쉽게 올라가지 않는다는 것입니다. 결국 일을 많이 해야 많이 버는 구조입니다. 취업을 생각하지 않는다면 결국 단가가 큰일을 위주로 해야 합니다. 그러기 위해선 실력과 인맥이 모두 필요합니다. 혼자서 일하다 보면 가끔 다시 회사를 다니고 싶은 마음이 듭니다. 그래서 프리랜서로 꾸준히 일하기 위해서는 스스로 멘탈 관리를 하는 게 필요합니다.

MIXED ZONE

뉴미디어

PD들의 이야기를 들어보면 의외로 '편집 프로그램을 다루는 건 누구나 할 수 있다'는 전제가 깔려 있다. 결국 영상을 만드는 센스가 실력과 연봉을 결정한다고 해석할 수 있다. 적시 적소에 재미 요소를 첨가하는 능력은 공부만으로 해결되지 않는다. 썸네일을 센스 있게 만드는 것도 노력으로 극복하기 힘들다. 따라서 본인의 성향이 창의적이기보다는 시키는 것을 잘하는 편이라면 뉴미디어 업계에서 오래 버티기 힘들 수가 있다. 틀을 깨는 영상보다는 지상파에 나올 법한 정석적인 것을 추구한다면 이 업계가 맞지 않을 수도 있다는 걸 명심해야 한다.

본인의 영역을 축구로만 좁혀 놓으면 취업 가능성은 현저히 떨어진다는 걸 인터뷰에서 알 수 있었다. 뉴미디어에서의 축구 채널 역사가 아직까지는 길지 않기 때문에 일자리도 넉넉하지 않은 편이다. 이쪽 분야에서 일을 하다보면 뉴미디어 시장에서 축구콘텐츠의 한계를 뚜렷하게 느낄 수 있다. 실제 경기 영상을 사용하지 않는 한 조회수로 돈을 벌기엔 어려움이 있다. 축구 콘텐츠를 꾸준히 보는 시청자는 최대 10만명 정도로 분석된다. 축구계 종사자가 나오는 예능 콘텐츠나 축구와 관련성이 조금 떨어지는 콘텐츠가 오히려 조회수가 더 잘 나오는 경우만 봐도 순수 축구 콘텐츠의 한계를 느낄 수 있다. 이 정도 시장에서 대형 축구 콘텐츠 회사를 만들기가 쉽지 않다.

요즘엔 축구 채널에서도 다양한 걸 시도한다. 슛포러브는 이제 축구 채널이라고 보기보다는 종합 채널로 봐야 한다. 이스타TV도 축구와 전혀 상관없는 예능 콘텐츠를 자주 찍는다. 심지어 예능 콘텐츠가 인기가 더 많다. 예능 콘텐츠도 PD들의 아이디어에서 시작된다. 그렇기 때문에 축구 영상만 잘 만들어서는 안 된다. 그래서 축구 외의 것들에도 다양하게 관심을 갖는 걸 추천한다.

memo

김환

항목	별점	평가	점수
급여 수준	★★★★★★☆☆☆☆	어떤 채널 일을 하는가에 따라 큰 차이가 나지만 기본급이 높지는 않은 편	6.0
취업 난이도	★★★★★★★★★☆	축구 채널만 가겠다면 일할 수 있는 곳이 거의 없다	9.0
향후 전망	★★★★★☆☆☆☆☆	축구 채널, 콘텐츠는 늘어나겠지만 다수의 PD 고용할 가능성 희박	5.0
업무 강도	★★★★★★★★☆☆	편집 일이라는 게 금방 끝나지 않기 때문에 무엇을 하든 피곤함이 뒤따른다	8.0
업무 만족도	★★★★★★★★★☆	축구가 싫은데 축구 영상을 편집하는 사람은 아직까지 못 봤다	9.0

14

크리에이터

/ 누구나 할 수 있지만 아무나 할 수는 없다 /

CREATOR

업무 개요

유튜브 등 영상 플랫폼을 통해
축구 관련 콘텐츠 제작

급여 수준

예측 불가

필요한 능력

방송 센스와 최신 트렌드 분석

불과 몇 년 전까지만 하더라도 '축구 크리에이터'라는 직업은 없었다. 축구를 좋아하는 사람들이 재미 삼아 또는 홍보용으로 인터넷에 짧은 영상을 올리는 게 전부였다. 해설위원이나 축구 전문가들에게 'TV에 나오는 사람이 굳이 왜 유튜브를 하냐'라고 묻는 사람들까지 존재했다. 하지만 이제는 TV에 나오는 축구 해설위원도 유튜브 채널을 운영하는 게 당연한 일이 됐다. 오히려 '왜 유튜브 안 해?'라고 묻는 경우가 늘어났다. 이처럼 이제는 TV에 나오는 것보다 유튜브에서 활동하는 게 더 중요한 시대가 됐다.

여기에 창의적인 일반 축구 팬들도 유튜브 시장에 뛰어들기 시작했다. 오히려 일반 팬들이 해설위원이나 기자는 하기 부담스러운 콘텐츠를 소화하면서 잘나가는 경우도 볼 수 있다. 축구 콘텐츠를 소비하는 팬들 사이에서 해설위원이나 기자들처럼 인지도가 있으면 채널을 알리는 데 조금 유리할 수는 있다. 하지만 유튜브라는 플랫폼만의 특성이 있기 때문에 그런 것들이 인기를 결정하는 주된 요소는 아니다. 유튜브 안에서는 비교적 냉정한 평가가 이루어진다. 그렇기 때문에 일반 축구팬들도 충분히 도전할 수 있는 분야다.

하지만 여전히 축구 크리에이터를 직업으로 평가하기엔 어려움이 있다. 대다수의 축구 크리에이터들이 큰 수익을 내지 못하고 있으며 전업으로 하는 이들도 많은 편이 아니다. 아직은 취미와 직업 사이에서 오가는 크리에이터들이 많다고 할 수 있다. 게다가 축구라는 분야가 스포츠 내에서는 대중적으로 느껴질 수 있지만, 각종 플랫폼 안의 다른 분야에 비해 관심도가 떨어지는 게 현실이다.

최근에는 '나도 유튜브 해볼까'라는 말이 직장인 3대 거짓말 안에 포함된다고 한다. 조만간 '나 곧 퇴사한다'와 어깨를 나란히 할 가능성이 크다. 퇴사해서 유튜브를 하겠다고 생각하는 사람들이 꽤나 많다는 이야기가 될 텐데 이게 3대 거짓말에 포함되었다는 건 유튜브를 시작하는 것이 실제로 말처럼 쉽지 않다라는 것을 보여준다.

축구 크리에이터가 유튜브에만 있는 건 아니다. 인스타그램을 통해 사진이나 카드뉴스, 짧은 영상을 올려 인기를 끄는 경우도 있다. 인스타그램의 경우 유니폼을 입고 찍은 사진으로 인지도를 올리거나 짧은 축구 기술을 올려 팔로워를 모으는 게 대표적인 사례다. 그러나 인스타그램이 가진 한계 때문에 이들도 결국은 유튜브 채널 운영을 병행하게 되는 것이 수순이다.

축구 크리에이터의 콘셉트는 꽤 많은 편이다. 대표적으로는 축구 경기를 분석하고 정보를 전달하는 토크 채널이다. 이스타TV, 달수네라이브, 원투펀치 등이 대표적이다. 공통점은 축구 업계에서 일했던 사람들이 나온다는 것이다. 일반인이 이 채널들을 따라하기는 현실적으로 어렵다. 그 다음으로는 축구선수나 축구계 사건을 소개하는 채널이다. 대화를 주고받는 토크 콘텐츠와 달리 크리에이터의 음성을 바탕으로 만드는 게 일반적이다. 불양TV가 대표적이다. 한 팀을 응원하는 채널도 많다. 아스널을 응원하는 이수날이 가장 유명하다. 가장 부담 없이 업로드할 수 있는 콘텐츠인 직관(직접관람) 영상도 점차 늘어나고 있다. K리그 경기를 보러 다니거나 해외에 거주하면서 현지의 축구 경기를 촬영해서 올리는 경우도 늘어났다. 여행과 축구를 적절하게 조합하는 채널도 인기가 있다. 축구 게임을 하면서 축구 이야기를 하는 채널도 존재한다.

이렇게 다양한 방법으로 채널을 만들 수 있지만, 콘텐츠의 매개체가 프로 스포츠인 만큼 저작권 문제가 항상 걸림돌이다. 실제 경기 장면은 찍어서는 안 되는 게 원칙이다. 본인 얼굴을 찍으면서 배경으로 살짝 나오는 거야 괜찮지만, 그 외의 경우는 제재 대상이 된다. 재배포를 금지한 사진이나 영상을 쓰는 것도 문제가 될 수 있다. 저작권이 애매한 영상들도 많기 때문에 꼼꼼하게 체크하는 게 필요하다. 이처럼 축구는 요리, 여행, 토크, 헬스 등 다른 분야에 비해 제약사항이 많다.

이 책에서 만나볼 크리에이터는 '싸커러리'다. ▷축구 업계 비종사자 ▷전업 크리에이터 ▷3년 이상 채널 운영 ▷적당한 수입 등의 조건에 맞는 인물을 찾다가 연결이 됐다. 이스타TV, 슛포러브 등의 대형 채널보다는 조금 더 현실적인 이야기를 듣고 싶었다. 〈싸커러리〉 채널 운영자, 1993년생 박동현 크리에이터의 이야기를 들어보자.

박동현

수입은 일정하지 않아도 즐기면서 일할 수 있다는 것만큼 좋은 건 없다

박동현, 그는 유튜브 영상 조회수만으로 안정적인 수익을 내는 것은 매우 어려운 일이기에 전업 크리에이터를 꿈꾸는 이들도 일단은 본업을 유지하면서 취미처럼 놀이처럼 가볍게 서서히 시작해볼 것을 권한다. 조회수의 압박과 악성 댓글로 인한 스트레스도 잘 추스를 수 있어야 하고, 불투명한 미래도 감당할 수 있어야 한다고 덧붙인다. 하지만 수익을 떠나, 집에서, 혼자, 좋아하는 것을 직업으로 삼기를 선호한다면 그런대로 꽤 괜찮은 일이라고 설명한다.

INTERVIEW

크리에이터가 되기 전에는 어떤 생활을 하셨나요?

명지대에서 컴퓨터공학을 전공하는 학생이었습니다. 군대에 다녀와서 3학년까지 평범한 학생으로 지냈습니다. 그런데 학교에서 컴퓨터공학을 배우는 게 내 길이 맞는지 의문이 들기 시작했습니다. 그래서 휴학을 하고 편의점 아르바이트를 시작했는데 그게 4년 동안 이어졌습니다. 결국 편의점에서는 매니저까지 하게 됐습니다. 월 200만원 이상 벌게 되니 학교로 돌아갈 생각을 하지 않고 살았던 것 같습니다. 나중에 편의점을 직접 운영하면 괜찮겠다고 생각했습니다.

어린 시절엔 어떤 성향을 가진 학생이었어요?

중학교 때 반마다 만화 그리던 친구가 한두 명은 있죠. 그게 저였습니다. 그때부터 뭔가 그리거나 만드는 창의적인 일을 좋아했던 것 같습니다. 컴퓨터까지 좀 다룰 줄 알게 되니 유튜브로 영상 콘텐츠를 만들면 재밌지 않을까 생각했습니다. 마침 그 생각을 했을 때가 2018년 러시아월드컵이 끝난 직후였습니다. 2002년 월드컵을 경험하고 피파 게임을 많이 했던 나이대였기 때문에 가장 먼저 축구라는 아이템이 생각났습니다.

유튜브 채널 시작은 언제였죠?

월드컵이 끝난 직후인 2018년 7월입니다. 맨 처음 영상은 은골로 캉테의

귀여운 영상 모음집이었습니다. 제목은 '캉테한테 고백하려고 만든 동영상'이었습니다. 프랑스가 월드컵에서 우승한 직후였지만 그땐 알고리즘을 생각하진 않았습니다. 그냥 캉테가 귀여워서 올렸죠. 그 다음엔 제시 린가드가 피리 부는 영상만 모아서 올렸습니다. 그게 유튜브 유저들의 취향에 맞았던 것 같습니다.

당시에는 아르바이트를 병행했나요?

꽤 긴 시간동안 아르바이트와 유튜브를 병행했습니다. 아르바이트가 끝나고 돌아와 저녁엔 편집을 하다 잠드는 생활을 반복했습니다. 주중 주말 할 것 없이 계속해서 일만 했습니다. 그래도 힘들진 않았습니다. 오로지 재밌어서 시작한 거였으니까요. 그러다 보니 점점 제 채널에 많은 분들이 오시게 됐습니다.

초기 구독자는 어느 정도였어요?

유튜브를 시작한 지 1년이 지난 2019년 여름쯤 구독자 1만 명을 달성했습니다. 그때부터 라이브 방송도 함께 하기 시작했습니다. 피파나 FM 같은 게임 콘텐츠로 시작했는데, 첫 라이브 방송은 시청자가 3명이었습니다. 그런데 크게 실망스럽지 않았습니다. 그냥 저 스스로 너무 재밌어서 그런 생각은 하지 못했습니다.

그때쯤이면 대학교 친구들은 다 취업을 했을 텐데 불안감은 없었나요?

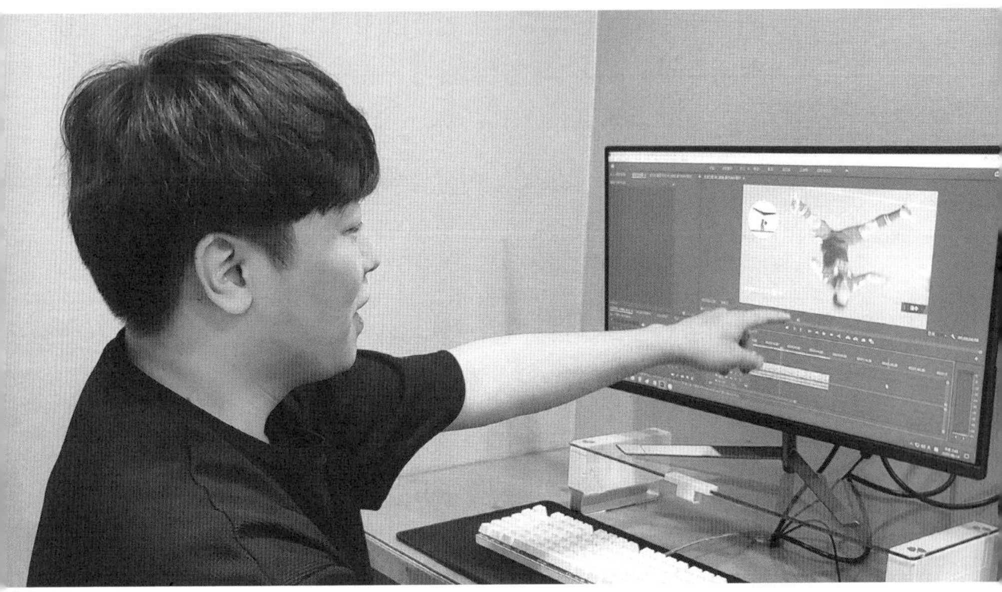

친구들이 하나둘 대기업에 취직하기 시작했습니다. 그런데 전혀 부럽지 않았습니다. 애초에 저와는 다른 길이라고 생각했기 때문에 친구들과 저를 비교하지 않았습니다. 그래서 유튜브를 하는 데 있어서 흔들림은 없었습니다.

그렇다면 언제부터 전업 크리에이터가 되었다고 할 수 있을까요?
2020년에 터닝포인트라고 할 만한 일이 있었습니다. 유튜브를 열심히 하다 보니 CJ에서 연락이 왔습니다. 당시에는 CJ가 프로축구연맹 유튜브 운영 관련 협업을 하는 중이었습니다. 콘텐츠 제휴를 제안했습니다. 저를

비롯해 다른 크리에이터 2명 정도에게 연락이 갔다고 들었습니다. 원래는 해외축구 콘텐츠만 만들고 있었지만, 그때부터 K리그에 관심을 갖기 시작했습니다. 당시 프로축구연맹 유튜브에 올라온 'K리그 TMI'라는 코너를 제가 제작했습니다. 이외에도 다양한 콘텐츠를 제작하면서 수익이 늘어나기 시작했습니다. 유튜브 수익에다가 CJ에서 주는 건당 제작비를 받으니 생활이 과거에 비해 많이 넉넉해졌습니다. 마침 그때쯤 경기도에서 서울로 이사를 오면서 편의점 일을 그만두기로 했습니다. 아르바이트 하는 시간에 편집을 하는 게 수익적으로 낫다고 판단을 했습니다.

실례지만 유튜브로 한 달에 얼마를 벌게 되셨나요?

일단 아르바이트를 하면서 벌었던 월 200만원 보다는 많이 벌었습니다. 그래서 시간만 더 있으면 그것보다는 더 벌 수 있겠다는 자신감이 생겼습니다. 그리고 2021년엔 유튜브 조회수, 외부 광고, 외주 편집 등을 통해 꾸준하게 해서 월 300~500만원 사이를 벌게 됐습니다. 싸커러리 채널의 광고비가 높지는 않았지만 게이밍 책상, 홍삼, 축구게임 등 다양한 광고도 들어오기 시작했습니다.

2021년부터 구독자가 빠르게 늘기 시작했다고 들었습니다.

K리그 영상 사용권한을 구입하고 나서부터 콘텐츠가 다양해졌습니다. 그런데 처음에는 K리그 선수 리뷰나 경기 리뷰는 하는 게 제 채널 성격에 맞지 않아서 고민을 했습니다. 해외축구 위주로 올리다가 갑자기 K리그 하이라이트나 분석 영상을 올리면 이질감이 있을 거라고 판단했습니다. 그래서 정말 재밌는 장면만 코믹스럽게 편집해서 가볍게 볼 수 있는 콘텐츠를 만들었습니다. 수익을 포기하고 거의 다 쇼츠(60초 미만의 짧은 동영상)로만 만들었습니다. 수익은 거의 없었지만 K리그 팬 분들이 매우 좋아해주셨습니다. 그러면서 구독자가 빠르게 늘면서 10만 명을 달성하게 됐습니다.

기대했던 것보다 빠른 속도로 10만 명을 달성했네요?

저 같은 경우는 꽤 빨리 늘어난 편이라고 생각합니다. 하지만 축구 채널 대부분이 요리나 여행 분야를 하는 유튜브 채널보다는 확실히 늘어나는 속도가 느립니다. 개인적인 생각이지만 축구만으로는 한계가 있다고 생각합니다. 그래서 축구 유튜브 채널을 시작했을 때 구독자가 빨리 늘지 않는다고 실망하면 안됩니다.

결국 외부 일까지 하게 되면서 수익이 늘어나게 된 거라고 봐야 할까요?

유튜브 조회수로는 아직까지 한계가 있고, 언제 어떻게 될지도 모릅니다. 2021년까지 CJ와 일을 하다가 일이 끊겼습니다. 다행히도 2022년 초에는 K리그 영상 판매를 담당하는 회사인 팀트웰브에서 연락이 왔습니다. K리그 영상을 이렇게 풀어내는 곳은 처음이라며 외주 일을 맡겼습니다. 한때 팀트웰브에서 운영하는 채널인 해방촌 축구회사에 제가 만든 콘텐츠가 올라가기도 했습니다. 이런 식으로 이것저것 올리다보니 외부 일이 들어오면서 수익을 유지하고 있습니다. 다음에는 무슨 일이 들어올지 궁금하네요.

채널을 운영하면서 어떤 점이 가장 어려운가요?

조회수, 댓글 등에서 스트레스가 있습니다. 매일매일 조회수로 피드백이 오기 때문에 날마다 마음을 다잡아야 합니다. 그리고 초반에는 악성 댓글로 인해 큰 상처를 받을 수 있습니다. 저도 그랬습니다. 시간이 지나면서 조금 단단해지긴 했습니다만 지금도 그 부분이 쉽지는 않습니다.

전업 크리에이터의 하루는 어떤지 말씀해주세요.

새벽까지 항상 축구 중계를 켜놓습니다. 축구를 보면서 동시에 편집을 합니다. 축구를 보는 이유는 정보를 얻기 위해서입니다. 흐름을 알아야 콘텐츠도 만들고, 토크도 할 수 있기 때문입니다. 그렇게 새벽 시간을 보내다 오전 6시쯤 잠자리에 듭니다. 그리고 낮에 일어나 오후에는 1주일에 2번씩 라이브 방송을 진행합니다. 평균 2~3시간 정도씩 하는 것 같습니다. 더 자주, 더 길게 하고 싶지만 제 채널은 제가 직접 편집하기 때문에 현실적으로 그렇게 하기는 어렵습니다. 중간에 시간이 남으면 다시 편집을 합니다. 평균적으로 하루 6시간 이상씩 편집을 하는 편입니다. 이렇게 살다 보면 햇빛을 못 보는 경우가 많습니다. 그래도 아직까지는 즐겁게 하고 있습니다.

크리에이터 일이 성향에 잘 맞는 거겠죠?

맞습니다. 제가 '집돌이'라서 딱 맞습니다. 집에서 일하는 걸 좋아하는 사람에게는 아주 좋은 직업인 것 같습니다. 밖에 나가서 콘텐츠를 만들어보는 게 어떻냐고 이야기하는 분들도 계십니다. 하지만 아직까지는 집에서 일하는 것에 만족하고 있기 때문에 새로운 도전은 하지 않고 있습니다. 저 스스로 즐겁게 일할 수 있다는 게 가장 중요하기 때문에 각자 성향에 맞게 운영을 하는 게 최고라고 생각합니다.

유튜브, 처음에는 어떻게 시작해야 될까요?

제가 자주하는 말이 있습니다. 그림판 프로그램을 쓸 수 있으면, 영상 편집 프로그램도 다룰 수 있습니다. 그만큼 어렵지 않다는 의미입니다. 그리고 유튜브 역시 누구나 할 수 있는 거라고 말하는 편입니다. 유튜브는 모두에게 열려 있습니다. 일단 시작하시면 됩니다. 준비할 것도 별로 없습니다. 컴퓨터, 편집 프로그램, 카메라, 마이크 정도만 있으면 됩니다. 그리고 방송을 할 만한 집, 방 환경이면 더욱 더 좋습니다. 가장 중요한 건 꾸준히 하겠다는 마인드입니다.

가장 궁금한 내용입니다.
본업을 어느 정도까지 내려놓고 유튜브를 시작해야 할까요?

식당을 운영하고 싶을 땐 식당 아르바이트부터 경험해 봐야 한다고 생각합니다. 유튜브도 마찬가지라고 생각하시면 될 것 같습니다. 처음부터 전업을 하게 되면 힘든 일이 너무나 많습니다. 게다가 일이라 생각하고 시작한 채널들은 수익 문제 때문에 도중에 포기하기 쉽습니다. 그러니 본업을 하면서 취미로 가볍게 시작하는 걸 추천합니다. 개인적으로는 언제든지 유튜브나 내 채널이 망할 수 있다고 생각하면서 일을 합니다. 항상 빠져나갈 생각은 하셔야 합니다. 그 대신 본업이 끝나고 갖는 휴식 시간을 줄여가며 투자해야 합니다. 편집 프로그램 구독료, 폰트와 음원 사용료 등 고정 지출도 있으니 현재 잘 다니고 있는 직장을 갑자기 그만두면서까지 해서는 안 된다고 생각합니다.

싸커러리님도 언젠간 채널 운영이
어려워질 수도 있다고 생각하시나요?

축구 유튜브가 꽤 많아졌습니다. 시장 규모에 비해 포화상태라고 생각합니다. 아주 특별하지 않는다면 성공하기 힘들어졌습니다. 그래서 저는 제 채널을 포트폴리오라고 생각합니다. 채널 운영이 어려워져도 이 자료를 바탕으로 어딘가에 취업할 수 있을 거라고 생각하면서 운영을 합니다. 그러면 불안감이 없어집니다. 그런 자신감을 가질 수 있을 만큼의 자료를 쌓아 놓는 것이 가장 중요합니다.

축구 크리에이터만의 어려운 점이 있다면요?

일단 저작권 개념을 알아야 합니다. 저도 처음에는 잘 몰라서 만든 콘텐츠들을 많이 날렸습니다. 저작권 때문에 빠르게 포기를 할 수도 있으니 잘 알아보시는 게 중요합니다. 저작권 문제는 저도 잘 이해가 안 될 때가 많습니다. 그래서 라이브 방송을 하고 축구 게임을 하기 시작했습니다. 축구게임을 하면서 축구이야기를 접목시키면서 새로운 저만의 라이브 콘텐츠가 만들어졌습니다. 저작권 문제는 내용이 너무 방대하기 때문에 어느 정도는 직접 부딪혀 봐야 느낄 수 있습니다. 직접 영상을 올리면서 저작권 이슈와 맞닥뜨리는 것을 추천합니다.

처음부터 편집은 잘하셨나요?

전혀 못했고 잘 몰랐습니다. 유튜브를 시작하려고 편집 공부를 했습니다. 사실 저는 지금도 편집 퀄리티가 좋은 편은 아니라고 봅니다. 외주 일을 하면서 보니 확실히 제 편집이 외부 채널에 나갔을 때 썩 마음에 들지 않았습니다. 편집을 추가적으로 배워볼까 고민은 했지만 그러지 않기로 했습니다. 저만의 편집 방법이 곧 채널의 콘셉트이기 때문입니다. 편집을 잘하면 좋겠지만, 잘한다고 채널의 성공을 보장해주진 않는 것 같습니다. 채널 고유의 아이덴티티가 있는 게 더 중요하다고 생각합니다.

앞으로 어떤 방식으로 크리에이터 생활을 이어 나갈 계획인가요?

운 좋게 K리그 영상을 다뤄볼 좋은 기회가 생겼던 것 같습니다. 나중에는 해외축구 영상도 공식적으로 다뤄보고 싶습니다. 어떤 루트로 어떻게 진행해야 할지 아직까지는 방법을 모르지만요. 유튜브를 처음 시작할 땐 K리그 영상을 다루게 될 거라고 생각하지 못했습니다. 그런 것처럼 해외축구 영상도 언젠가는 다룰 수 있을 거라고 생각합니다. 최근에는 운이 좋게도 피파 게임 광고를 하면서 EA스포츠와 도르트문트의 허락 하에 공식적으로 도르트문트 하이라이트 영상을 다뤄봤습니다. 이처럼 기회들이 갑자기 찾아올 수도 있다고 생각합니다.

MIXED ZONE

축구

크리에이터는 재밌는 직업이다. 누가 시켜서 하는 일이 아니라는 게 가장 크다. 내가 재밌어서, 내가 좋아서 촬영을 하고 편집을 하기 때문에 직업적 만족도는 상당히 높은 편이다. 그러나 그 뒤에는 보이지 않는 고충이 있다. 보는 사람 입장에서는 고작 10분짜리 콘텐츠라고 생각할 수 있지만 크리에이터들은 그 10분을 만들기 위해 10시간 이상을 고민한다. 게다가 대중에게 언제나 노출돼 있는 직업이라 힘든 점이 많다. 콘텐츠 하나를 올릴 때마다 수천, 수만 명의 낯선 이들로부터 평가를 받아야 한다. 특히 악플이 달릴 때는 대부분 견디기 힘들어 한다. 그건 구독자가 1만 명이든 10만 명이든 100만 명이든 다 비슷하다.

또한 불안감이 직장인보다 훨씬 더 심하다. 채널이 갑자기 망할 수도 있고 유튜브라는 플랫폼이 사라져버릴 수도 있다. 시대가 빠르기 변하기 때문에 본인이 하는 콘셉트가 갑자기 의미 없어질 수도 있다. 이런 변수들은 크리에이터 본인이 통제하기 힘들다. 외부 요인에 의한 흔들림이 많은 직업이라는 건 분명하다. 게다가 이제는 크리에이터가 마치 공인처럼 여겨지는 세상이다. 카메라 밖에서의 행동에 대해서도 신경을 써야하기 때문에 꽤나 피곤한 직업이 됐다. 그러나 성공만 한다면 돈, 인기 등 모든 걸 얻을 수 있다. 양날의 검이다.

축구 크리에이터 시장은 매우 좁다. 많은 사람들이 '나는 축구를 좋아한다'고 말하지만 축구 경기를 라이브로 보고 그 뒷이야기를 유튜브로 찾아보는 사람은 그리 많지 않다. 삶과 밀접한 관계가 있는 음식, 여행 등보다는 확실히 찾는 사람들의 숫자가 적은 편이다.

싸커러리 역시 '해외축구 짤 모음집'으로 시작했으나 한계를 느끼고 현재는 축구게임과 축구토크를 접목해서 콘텐츠를 만든다. 싸커러리 채널은 꽤나 잘 버티고 있는 편이다. 여전히 수익을 제대로 내지 못한 축구 크리에이터가 훨씬 더 많다. 그래서 싸커러리의 조언을 잘 새겨들을 필요가 있다. 축구가 아무리 좋더라도 본업을 포기하면서까지 할 만한 시장은 아니다. 재밌어 보이는 직업인 건 분명하지만 그 뒤에는 수많은 어려움이 있다는 걸 잊지 말아야 한다.

memo

김환

14

RATINGS

크리에이터

항목	평가	점수
급여 수준	★★★☆☆☆☆☆☆☆ 평균적으로는 수익을 내지 못하는 크리에이터가 훨씬 더 많다	3.0
취업 난이도	★☆☆☆☆☆☆☆☆☆ 누구나 시작은 할 수 있다	1.0
향후 전망	★★★★☆☆☆☆☆☆ 축구 크리에이터 포화 상태	4.0
업무 강도	★★★★★★★★☆☆ 기획, 촬영에 편집까지 하게 되면 일의 양이 어마어마하다	8.0
업무 만족도	★★★★★★★★★☆ 즐기면서 할 수 있는 몇 안 되는 직업	9.0

15

선수중개인

/ 선수가 더 빛을 발휘할 수 있도록 돕는다 /

AGENT

업무 개요

선수를 관리하고 이적에 관여하는 일

급여 수준

이적료 또는 연봉의 5~10% 수수료

(대표 기준)

3000만원대 연봉 및 인센티브

(신입 기준)

요구 어학 능력

영어

유용한 제 2외국어

포르투갈어, 일본어

2015년 FIFA 에이전트 제도가 사라지면서 국내에서는 '중개인'이라는 단어가 공식 명칭이 됐다. 그러나 이 책에서는 많은 이들에게 친숙한 단어인 '에이전트'로 표기하겠다. 기본적으로는 축구선수를 관리하고 이적시키는 일을 하는 사람이다. A매치를 주선하거나, 국제 대회를 추진하거나, 스폰서를 따오는 일도 한다. 전지훈련 세팅만 전문으로 하는 에이전트도 있다. 숙박과 운동장 예약, 연습경기 주선 등을 전지훈련 기간 내내 담당하는 업무다. 이처럼 축구와 관련된 일이라면 모든지 끼어들 수 있는 직업이 바로 에이전트다.

국내 시장은 아직 좁은 편이다. 국내 프로 축구선수들의 수가 한정되어 있어서 그렇다. K리그의 경우 1부와 2부 팀을 모두 더해도 23개가 전부인데다 그 중에서도 수익을 낼 수 있는 선수는 한정적이다. 국내에서는 연봉 1억 원 정도는 넘어야 수수료를 받는 편이라 더욱 그렇다. 결국 '돈이 되는 선수'는 K리그 전체 선수의 20~30% 선을 넘지 않는다.

에이전트 업무를 하는 사람들은 늘어나는 추세다. 시장에 비해 에이전트 숫자가 너무 많다는 의미이기도 하다. 1~2부 리그에서 뛸 수 있는 선수는 정해져 있는데 에이전트들의 숫자는 줄어들 기미가 보이지 않는다. 그러다 보니 경쟁이 과열되고 있다. 최근에는 이해하기 힘든 절차를 통해 무리해서 일을 처리하는 에이전트들의 사례도 적잖이 볼 수 있다.

에이전트들이 계속 늘어나는 가장 큰 이유는 자격증 시험이 사라지면서부터다. 일을 쉽게 시작할 수 있을 거라고 생각하는 이들이 늘어났다. 누구나 대한축구협회에 신고만 하면 일을 할 수 있기 때문이다. 서류와

등록비(신규 70만원/갱신 30만원)를 제출하고 에이전트 보험 가입만 증명하면 곧바로 활동이 가능하다. 하지만 진입장벽만 낮아졌을 뿐이지 이 바닥에서 성공하는 건 여전히 어렵다.

조만간 FIFA 공인 에이전트 시험이 부활할 가능성이 있다는 소식도 들린다. FIFA는 각국 축구협회에 이와 관련된 공문을 보냈다고 한다. 이르면 2023년부터 시험이 부활할 가능성이 있다. 시험이 부활한다는 건 에이전트를 시작하고 싶어하는 20대들에게 오히려 희소식이다. 자격증을 취득하게 되면 자격증 없이 등록만 해놓고 운영하던 에이전트 회사에서 오퍼를 받을 수 있기 때문이다.

그렇지만 자격증 취득이 곧 취업으로 이어진다는 보장은 없다. 여전히 주변에 축구 관련업을 하는 인물이 있지 않는 한 취업이 어렵다고 보는 게 맞다. 선수 출신이라면 일을 쉽게 시작할 수 있겠으나 비선수 출신이 혼자서 사업을 해보겠다고 들어온다면 녹록지 않을 것이다. 결국 축구인과 동업을 하거나 에이전트 회사로 입사해 바닥에서부터 일을 시작하는 게 가장 현실적인 방법이다.

KEY PLAYER

홍사욱

일단 축구판에 들어온 후 에이전트에 도전하는 것이 좋다

홍사욱, 그는 선수 출신이든 비선수 출신이든 축구 쪽에서 커리어를 쌓기 시작한 사람이 추후 에이전트 일로 전환하는 것이 아예 처음부터 이 일에 도전하는 것보다 나은 선택지라고 말한다. 그도 그럴 것이 어떤 선수도 축구계에서 경력이 일천한 사람을 자신의 에이전트로 두기 원하지는 않을 것이기 때문이다. 한번에 축구 쪽으로 진입하기가 수월하지 않다면, 폭을 더 넓혀 스포츠 관련 직종에서 일을 시작한 후 기회를 도모하는 것도 괜찮은 접근법이다.

국내에서 비선수 출신이 혼자 에이전트 일을 시작하는 경우는 거의 없다. 축구선수 또는 축구판에서 일을 조금 해본 사람들과 함께 일을 시작하는 게 일반적이다. 감독, 선수 그리고 구단과 인맥으로 거래가 성사되는 경우가 가장 많기 때문에 관계가 매우 중요하다. 결국 축구계 인맥이 없다면 이 세계에서 살아남기가 어렵다. 국내에서 꽤 영향력 있는 에이전트사의 구성원을 살펴보자. 'C2글로벌'은 축구기자 출신 2명이서 만든 회사다. 언론사에서 축구기자로 근무를 하다가 기존 에이전트사로 이직해 일을 배웠다. 이후 독립해 회사를 차린 다음 한국 축구를 대표하는 에이전트사가 됐다. C2글로벌은 기성용, 나상호 등 국가대표급 선수들이 많이 소속돼 있다.

'FS코퍼레이션'과 '월스포츠'는 선수 출신 축구인이 만든 회사다. 각각 이철호 대표와 최월규 대표가 운영 중이다. 선수 경력은 길지 않았지만 본인만의 네트워크를 통해 축구계에 자리잡았다. 'HK스포츠매니지먼트'는 독일 유학파인 김홍근 대표 혼자서 운영하는 회사다. 독일에서 공인 에이전트 자격증을 딴 케이스다. 정우영(프라이부르크), 홍현석(LASK린츠), 이동준(헤르타베를린) 등이 대표적인 소속 선수다.

이처럼 다양한 콘셉트의 에이전시가 존재하지만 이들의 공통점은 에이전트를 하기 전부터 축구와 관련된 일을 조금이나마 경험해 봤다는 것이다. 인터뷰를 통해 만나볼 인물은 FS코퍼레이션 소속 에이전트 홍사욱 팀장이다. 축구를 배우기는 했지만 중학교 3학년까지만 축구를 했으니 비선수 출신으로 봐야 할 것 같다. 체육 특기생이 아닌 일반 학생으로 대학에 진학했다. 이후 스포츠 브랜드 회사에서 일을 하다가 에이전트로 전직한 케이스라 참고할 내용이 많을 것으로 보인다.

INTERVIEW

언제까지 축구선수였나요?

초등학교 5학년에 축구를 시작해서 중학교 3학년에 그만뒀습니다. 사실 축구를 잘 하진 못했던 것 같습니다. 축구로 고등학교에 가기가 쉽지 않다고 판단해 그만두고 인문계 고등학교의 일반 학생으로 진학했습니다. 중학교 때 축구 하느라 성적 관리가 되진 않았지만 최하위권은 아니었습니다. 학원 다니기가 쉽지 않아 1주일에 한 번 정도 과외는 했습니다. 100명 중에 75등 정도 수준이었습니다.

그럼 고등학교부터 공부를 제대로 시작하신 건가요?

사실 고등학교 가서도 공부하는 습관이 잘 갖춰지지 않아 쉽지 않았습니다. 고등학교 1학년 끝나고 나니 걱정이 되더라고요. 그래서 고등학교 2학년부터 제대로 공부를 시작했습니다. 결국 수능 점수에 맞춰서 서울에 있는 4년제 대학의 인문학부에 입학했습니다.

그때부터 축구 에이전트를 하고 싶었나요?

처음에는 축구기자를 해볼까 생각했습니다. 축구가 좋아서 이쪽 일을 꼭 해보고 싶었거든요. 그래서 언론정보학과를 가고 싶었는데 어떻게 하다 보니 인문학부로 가게 됐습니다. 군대에 다녀오고 나서도 축구 관련 일을 하고 싶은 마음이 있었습니다. 그래서인지 대학생 시절에도 축구를 아주 많이 했습니다. 군대에서 병장이 됐을 때쯤 우연히 베스트일레븐이라는 축구 잡지를 보게 됐습니다. 거기에 에이전트라는 직업이 소개돼 있어 처음으로 이 직업에 대해 고민을 해보기 시작했습니다. 맨체스터 유나이티드와 바르셀로나를 좋아했기 때문에 유럽 축구에 관심이 있었고, 우리나라 선수를 유럽에 보내는 게 의미 있는 일이라고 생각했습니다.

본격적으로 에이전트에 대해 알아본 건 언제였나요?

군대에서 전역하고 나서 이 직업에 대해 알아봤습니다. 무엇보다도 영어를 잘해야겠다는 생각이 들었습니다. 그래서 영문과로 진로를 결정했습니다. 조기축구에서 알게 된 형을 통해 현직에 계신 축구 에이전트도 소개를 받았습니다. 만나서 상담을 해보니 어쨌든 영어를 잘하는 게 매우 중요할 거라는 생각이 더욱 강해졌습니다. 그래서 4학년쯤 교환학생으로 해외에 나가기도 했습니다

당시에는 곧바로 에이전트가 될 수 있다고 생각했나요?

아닙니다. 당시에도 지금과 마찬가지로 에이전트는 공채가 없었습니다. 그래서 스포츠 관련 업종을 검색해서 쭉 지원을 해봤습니다. 그래도 혹시 몰라 잡코리아에 들어가 '축구'로 검색을 해봤던 기억이 있습니다. 그 다음 검색어는 '스포츠'였습니다. 매일 일어나서 일자리를 검색하고 지원서 쓰는 게 일상이었습니다. 혹시 에이전트사 모집 공고가 뜰까 기대를 해봤지만 아예 없었습니다.

결국 들어가게 된 첫 직장은 어디였나요?

카포라는 스포츠 판매 업체가 엄브로라는 브랜드의 국내 총판이었습니다. 그곳에서 직원을 뽑는다는 공고가 떴습니다. 엄브로가 축구 브랜드라서 지원했습니다. 정확하게는 엄브로 코리아였죠. 당시엔 초창기라서 직원 두 명이서 모든 일을 했습니다. 회사 규모가 작아 마케팅, 제품 수입, 선수 계약 등 다양한 업무 경험을 해볼 수 있었습니다. 당시 김형일, 김재성, 권경원 선수 등과 계약을 했습니다. 선수 계약과 관련된 일은 에이전트 일과 비슷했습니다. 하지만 제품을 주문하는 일이 훨씬 더 비중이 큰 업무여서 에이전트라는 직업에 대한 갈증은 여전했습니다.

엄브로에서 일하면서 축구쪽 인맥이 생겼겠네요?

전 K리거 김명중 선수와 어릴 때 함께 축구를 했습니다. 그때 FS코퍼레이션이라는 에이전트 회사를 김명중 선수에게 소개받았습니다. 하지만 당장은 에이전트로 일할 수는 없었습니다. 그래서 해외에 한 번 더 나가기로 했습니다. 해외에 나가서도 꾸준히 FS코퍼레이션과 연락을 주고받으며 관계를 이어나갔습니다.

왜 해외로 다시 나가게 됐나요?

호주에서 3부리그 격인 주리그에서 뛰고 있는 중학교 동창 친구가 있었습니다. 경기에 뛰면 수당도 준다고 들어서 영어 공부도 더 할 겸 호주로 가기로 결정했습니다. 그래서 엄브로를 그만두게 됐습니다. 경기 수당은 대략적으로 200호주달러(약 18만원)였습니다. 수당으로 생활은 할 수 있을 것 같아서 호주로 향했습니다. 사실 제가 그 친구보다 조금 더 축구를 잘한다고 생각해서 어느 정도 자신감을 가지고 있었습니다. 하하. 선수는 일찍 그만뒀기 때문에 선수로서의 성공보다는 다양한 경험을 해보고 싶었습니다. 엄브로를 다니면서 모아둔 돈을 다 가지고 무작정 떠났습니다. 역시나 그때도 에이전트에 대한 마음이 있었고, 이 경험이 에이전트라는 직업을 선택했을 때 크고 작은 도움이 될 거라고 생각했습니다

호주에 가서는 생각한 대로 일이 잘 풀렸나요?

호주의 주리그에 있는 모든 팀에 이메일을 보냈습니다. 입단 테스트를 받고 싶다고 말했죠. 20~30군데 정도 메일을 보내니 4개 팀에서 답이 왔습니다. 그래서 일단 2012년 무작정 호주로 갔습니다. 호주 비자가 기본 1년에 1년 연장 조건이었습니다. 모아둔 돈으로 최대한 버티는 게 목표였죠. 멜버른 인근에 있는 팀 위주로 테스트를 받았습니다. 4번째 팀에서 테스트를 봤는데 한 번 더 나와 보라고 하더군요. 결국 흄 유나이티드(HUME UNITED)에 들어가게 됐습니다. 1주일에 3번 운동하고, 주말에 1경기를 뛰는 형식이었습니다. 그런데 결과적으로 4경기 정도밖에 뛰지 못했죠. 생각보다 돈이 잘 모이지 않아서 8개월 만에 한국으로 돌아올 수밖에 없었습니다. 호주에서는 아르바이트 대신 영어 공부를 했습니다. 홈스테이 집주인 어르신과 대화를 하고 도서관에서 공부도 했습니다. 한국 사람들과는 만나지 않았습니다. 오직 영어에만 몰두한 시간이었습니다. 마지막 1개월 정도 여행을 다니다 결국 한국으로 돌아왔습니다. 그리고 다시 취업 전선에 뛰어들었죠.

다시 에이전트에 도전했나요?

돌아와서 4개월 정도는 이력서만 썼습니다. 50군데 정도 지원했죠. 역시나 축구가 1순위였습니다. 2순위는 스포츠 관련 업종이었습니다. 그때 나이키 코리아에서 계약직을 구한다는 공고가 떠서 지원하게 됐습니다. 1차 면접은 한국말로 진행됐는데 2차 면접은 영어였습니다. 영어를 열심히 했기 때문에 운 좋게도 나이키에 합격하게 됐습니다. 어릴 때 축구를 좀 했고, 스포츠 쪽에서도 일을 해봐서 뽑힌 것 같았습니다. 나이키 스포츠 마케팅 팀에서 1년 6개월 정도 일을 하면서 축구뿐 아니라 다른 종목까지 경험을 할 수 있었습니다. 그러다 내부 추천을 받아 정직원이 됐습니다. 하지만 정직원이 되면서 업무가 바뀌었습니다. 나이키 매장에 가서 축구와 관련된 신제품을 스태프들에게 교육하는 역할이었습니다. 대부분 축구화에 대한 설명이었습니다. 물론 이때도 에이전트에 대한 꿈을 버리지 않았습니다.

결국 축구와 관련된 일을 하다 보니 에이전트 업계로 들어올 수 있었던 거네요?

맞습니다. 나이키에서 일을 하다 보니 에이전트들과 자주 만나게 됐습니다. 정직원이 된 이후보다는 스포츠마케팅 부서에서 계약직으로 일할 때 더 많은 인맥을 쌓았습니다. 그러다가 엄브로 시절부터 알고 지낸 FS코퍼레이션 쪽에서 연락을 받았습니다. 에이전트를 해볼 생각이 아직도 있냐고 하더군요. 다만 제가 에이전트 일을 해보지 않아서 처음부터 시작해야 되는 조건이었습니다. 그래도 에이전트를 꼭 해보고 싶었습니다. 결국

3년 다닌 나이키를 그만두고 2016년 1월부터 에이전트가 됐습니다. FS코퍼레이션 입사 이후 3개월 정도 인턴 생활을 하다가 정직원으로 전환이 됐습니다.

이제 7년차 에이전트입니다.
그동안 어떤 루틴으로 일을 했나요?

처음에는 쉬는 날이 거의 없었습니다. 평일에는 업무를 하고 주말에는 축구 경기를 챙겨 보니 1주일이 금방 지나갔습니다. 유럽, 일본, 한국, 대학부, 고등부 등 축구를 쉴 새 없이 많이 봤습니다. 누가 시켜서 보는 게 아니었습니다. 축구를 봐야 업무를 할 수 있기 때문에 볼 수밖에 없었습니다. 에이전트 일을 하면 사실상 '워라밸'은 없다고 보면 됩니다. 일 시작하고 5년간은 이 생활을 반복했던 것 같습니다. 회사마다 분위기가 다를 수도 있겠지만, 에이전트는 스스로 일을 찾아야 합니다. 특히 축구를 안 보면 그 순간부터 뒤처지기 때문에 정말 많이 보러 다녔습니다.

7년 동안 어떤 계약을 성사시켰나요?

서영재 선수를 독일 함부르크에서 뒤스부르크, 뒤스부르크에서 홀슈타인킬로 이적시킬 때 함께 일을 했습니다. 스위스 그라스호퍼에 일본 선수 2명을 이적시키는 일도 담당했습니다. 초반에는 주로 해외 업무 위주로 진행했습니다. 회사 내에서 현재 제가 담당하는 선수는 김태현(베갈타 센다이), 박창준(부천), 한정우(김포), 이규혁(전남) 등입니다. 비교적 젊은 선수들을 담당해 함께 꿈을 키워나가고 있습니다.

에이전트가 되기 위해선 어떤 능력이 필요하다고 생각하나요?

아무래도 선수 보는 눈이 중요합니다. 그리고 많은 선택을 하기 때문에 판단력도 중요한 포인트입니다. 이 능력은 확실히 선수를 해본 사람들이 더 좋을 것 같습니다. 그리고 선수 관리 능력입니다. 이적 외에도 세금, 군대, 경기 피드백 등 선수와 논의해야 할 내용이 상당히 많습니다. 선수들과 소통하는 것도 아주 중요합니다. 따라서 선수와 좋은 관계를 맺고 이어 나갈 수 있는 성격도 중요합니다. 이적을 진행하는 것뿐 아니라 계약서를 꼼꼼하게 살펴보고 분석할 줄도 알아야 합니다. 국제 규정뿐 아니라 로컬룰인 프로축구연맹 규정도 확실하게 이해를 하고 있어야 일이 수월하게 진행됩니다. 아무래도 계약 관련된 일은 법과 관련된 공부를 해본 사람들이 유리하지만 노력하면 충분히 보완이 가능하다고 생각합니다.

홍사욱 에이전트는 영어에 대한 준비를 상당히 많이 한 것 같습니다

사실 국내 일만 하려면 영어를 못해도 됩니다. 그런데 축구라는 게 그 어떤 종목보다 글로벌한 스포츠여서 영어를 잘하면 할 수 있는 일이 훨씬 더 많이 늘어나게 됩니다. 필수는 아니지만 하게 되면 매우 유리한 게 사실입니다. 알다시피 K리그는 파이가 작은 시장이기 때문에 해외 업무까지 할 줄 알아야 됩니다.

에이전트를 꿈꾸는 분들에게 조언을 해준다면?

대학 졸업 이후 곧바로 에이전트라는 직업을 가질 수는 없다고 생각합니다. 그래도 쉽게 포기하지 말고, 일단 스포츠 업계 안에는 머물러 있어야 기회가 옵니다. 제가 그랬던 것처럼 말이죠. 아는 에이전트들을 많이 확보해두는 것도 중요합니다. 이 업계로 들어오려면 누군가의 도움이 필요합니다. 그러기 위해서는 에이전트와 함께 일을 해볼 수 있는 직업을 선택하는 것도 중요해 보입니다.

INJURY TIME

조금 다른 케이스를 살펴보자. FS코퍼레이션의 김성호 실장은 FIFA 에이전트 자격증을 취득하면서 일을 시작했다. 대학 시절 지인의 소개로 알고 지낸 FS코퍼레이션 이철호 대표와의 인연으로 초창기부터 함께 했다. 인맥과 타이밍이 잘 맞아 떨어진 경우다. 현재는 회사 내에서 중추적인 역할을 맡고 있다. 선수 출신은 아니지만 다년간 쌓아온 인맥을 통해 축구계에서 맹활약 중이다.

월스포츠의 김명철 팀장과 구본석 팀장은 선수 출신이다. 김명철 팀장은 보인고와 아주대학교를 거친 촉망받는 공격수였으나 부상으로 인해 20대 초반에 은퇴했다. 구본석 팀장은 청소년 대표까지 지낸 유망주였다. 선수 시절 소속 에이전트사가 월스포츠였다. 일본까지 진출했으나 부상이라는 벽에 무너지고 말았다. 이들은 모두 은퇴 이후 빠르게 진로를 에이전트로 결정했고 지금까지 활동하고 있다. 비선수 출신보다는 선수를 판단하는 눈이 좋기 때문에 이 업계에 빠르게 자리잡았다.

김홍근 HK스포츠매니지먼트 대표는 2009년 독일 유학 중 독일축구협회 주관으로 실시한 에이전트 자격증 시험을 통과해 일을 시작했다. 독일의 현지 에이전트와 협업을 하며 성장했다. 2013년에는 아예 국내로 들어와 본격적으로 국내 일을 시작했다. 국내에 아무런 인맥 없이 독일축구협회 소속 에이전트라는 타이틀만으로 국내 선수를 찾아다녔으나 문전박대를 경험하거나 무시를 당하는 일이 많았다. 선수 출신도 아닌데다 국내에서 활동한 이력이 없어 초반에는 고충이 심했다.

하지만 2년간 중등리그, 고등리그, U리그 등을 찾아다니며 꾸준히 활동했고, 정우영을 바

훌륭한 선수를 알아볼 안목 | 더 많은 선수를 찾아볼 시간

이에른뮌헨으로 보내면서부터 인정을 받기 시작했다. 유창한 독일어 실력에다 독일 내에서 활동을 이어 나가고 있다는 강점이 더해지면서 선수들이 점차 늘어나기 시작했다. 홍현석, 이동준, 천성훈, 홍윤상 등 소속 선수 대부분이 유럽파다.

이처럼 각자의 방식대로 에이전트 일을 시작했다. 아무래도 가장 일반적인 케이스는 홍사욱 팀장일 것이다. 일반적인 대학생이라면 에이전트가 되기까지 꽤나 오랜 시간이 걸릴 수 있다는 점을 명심하면 좋을 것 같다.

MIXED ZONE

선수중개인에게 가장 중요한 건 '인맥'이다. 사람을 알아야 우리 선수를 어디로든 보낼 수 있기 때문이다. 그 다음은 '일처리 능력'이다. 이적이라는 것이 사람을 이동시키는 일이다 보니 깔끔하게 진행되는 경우가 많지 않다. 일이 진행되다 말이 바뀌는 경우가 종종 생긴다. 구단이 말을 바꿀 수도 있고, 선수의 마음이 바뀌는 경우도 있다. 이럴 때 에이전트의 능력이 필요하다. '깔끔하게 정리한다'라는 표현이 나오게끔 일하는 것이 중요하다. 그러기 위해서는 성향과 성품도 이 직업에 맞아야 한다. 너무 부드러워도, 너무 딱딱해도 안 된다. 그렇게 하기 위해서는 적당히 선을 타면서 사람을 설득할 줄 알아야 한다.

솔직히 말하면 이 바닥에는 사기꾼에 가까운 에이전트도 상당히 많다. 처음부터 사기를 치기 위해 에이전트를 시작한 사람은 많지 않을 거라고 본다. 일을 하다 보니까 사기꾼이 되어 있는 경우가 대부분이다. 결국 에이전트 일을 제대로 못했다는 의미다. 선수 인생을 결정하는 직업인만큼 엄청난 세심함이 필요하다는 걸 명심해야 한다. 본인의 인생도 버거워하는 유형의 사람이라면 절대 이 일을 하지 않았으면 한다. '축구계에서 일해본 적 없는 사람도 얼마든지 에이전트가 될 수 있으니 도전해보세요'라고는 말하지 못하겠다. 무작정 인내하고 기다려야하는 시간도 꽤 길 것이다. 그래도 에이전트가 될 가능성을 올리려면 어떻게든 축구계에 발을 들여놓길 추천한다.

그 다음은 운도 조금은 따라줘야 한다.

memo

김환

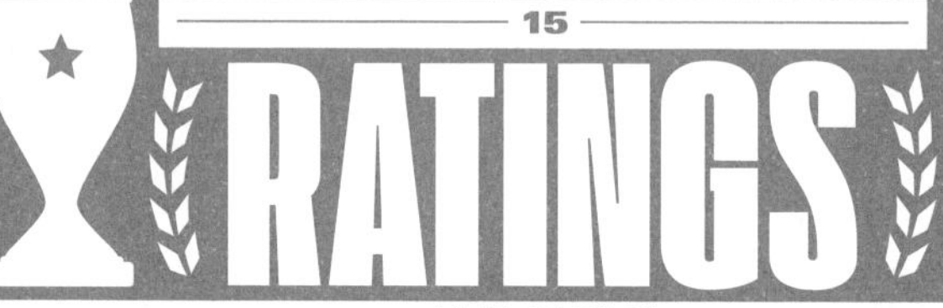

선수중개인

급여 수준

★★★★★★★☆☆☆

직원은 보통 직장인 수준
대표는 일한만큼 번다

7.0

취업 난이도

★★★★★★★★★½

축구계 경험이 없다면?
인맥이 없다면? 쉽지 않은 직업

9.5

향후 전망

★★★★★☆☆☆☆☆

프로 선수 숫자에 비해
에이전트가 너무 많다

5.0

업무 강도

★★★★★★★★☆☆

사람을 만나서 설득하는 일은
언제나 피곤하다

8.0

업무 만족도

★★★★★★★★★☆

선수 이적을 돕는 일은
언제나 짜릿하다

9.0

16

모바일 앱 개발자

/ 이제 세상 모든 축구가 손 안에 들어와 있다 /

MOBILE APP DEVELOPER

업무 개요

축구 관련 서비스 개발 및 운영

우대전공

스포츠, 전공을 떠나
특히 '축구성애자'면 OK

요구 어학능력

특정 외국어보다
10대들의 언어 이해 필수

우대 능력

컴퓨터 프로그래밍 및 콘텐츠 기획

얍 스튜디오는 '오늘의 해외축구'와 '오늘의 K리그', 두 가지 축구 어플리케이션으로 유명해진 벤처기업이다. 2011년 창사 이후 축구계에서 급부상하며 팬과 관계자들의 큰 주목을 받았다. 해외축구 팬이든 K리그 팬이든 이 앱을 써보지 않은 사람은 아마 거의 없을 것이다. 그 정도로 축구팬이라면 반드시 다운로드 해야 할 필수 앱이 되었다. 더불어 얍 스튜디오는 유튜브, 소셜미디어 플랫폼 등에서는 '오늘의 축구' 채널을 운영 중이다.

2000년대 후반부터 본격적으로 스마트폰 상용화가 이뤄지면서 다양한 앱 제작 업체들이 기하급수적으로 증가했다. 얍 스튜디오는 2011년 말에 등장해 폭발적인 속도로 성장한 기업이다. 출시 후 5일 만에 앱스토어에서 13만 다운로드를 기록하며 전체 14위에 오르기도 했다.

얍 스튜디오의 업무는 앱 제작에 그치지 않는다. 이 회사가 관계자들의 주목을 받은 것은 다양한 SNS 채널을 통해 홍보대행사 개념의 업무까지 하고 있기 때문이다. 한국프로축구연맹은 물론이고 나이키, 아디다스, 푸마 등 스포츠 브랜드와 손잡고 다양한 온라인 프로모션도 진행하고 있다.

2014년부터는 카카오톡을 통해 그날의 축구 소식을 요약해 전달하는 '오늘의 축구' 플러스친구도 운영하고 있으며, 현재는 디스코드에서 수많은 팬들과 함께 커뮤니티를 이뤄 소통하고 있다.

2013년 한국프로축구연맹은 오늘의 K리그를 K리그 공식 앱으로 인증했다. K리그 팬들이 연맹에서 운영하던 앱보다 오늘의 K리그 앱을 더 선호했기 때문이다. 주객이 전도된 상황으로 볼 수도 있지만 변화에 민감하

© 얌 스튜디오

고 냉정한 소비자들의 선택을 받았다는 점에서 얌 스튜디오가 제작한 앱의 우수성을 엿볼 수 있다. 출시한 지 거의 10년이 흐른 지금도 K리그 팬은 얌 스튜디오의 앱을 통해 K리그의 일정과 결과, 주요 정보를 확인하고 있다.

2022년 현재 구성원과 사업 분야 변화에 발맞춰 페어플레이(PAIRPLAY Inc.)라는 별도 법인을 설립, 얌 스튜디오와 함께 병행 운영 중이다.

얌 스튜디오의 얌(YAM)은 'You and Me'의 약자로 '너와 나를 잇는 커뮤니케이션'을 뜻한다. 이 회사는 일반 기업과는 다른 독특한 정책과 문화를 갖고 있다. 창사 초기에는 회사 수익을 모든 직원이 공평하게 나눠

가졌다. 대표를 포함한 모든 직원이 N분의 1로 수익을 나눈다. 대한민국에 있는 기업 중 얍 스튜디오 같은 곳을 찾는 것은 쉽지 않을 것이다.

이게 다가 아니다. 6개월에 한 번 직원들이 모여 이 일을 계속 할지에 대해 고민하고 냉정하게 결정한다. 한 명이라도 그만하겠다는 의사를 밝힌다면 얍 스튜디오는 문을 닫을 지도 모른다. 뿐만 아니라 공금의 일부를 관련 분야에 기부하는 문화도 지속하고 있다. 수익 분배 룰과 6개월 단위 전체 미팅 등에도 크고 작은 변화가 있었으나, 구성원 모두가 참여한다는 원칙에는 10년이 지난 지금도 변함이 없다.

KEY PLAYER

이동준

함께 축구 모바일 앱을 만들어갈 뉴페이스 파트너를 원한다

이동준, 그는 자신이 '오늘의 축구' 등 축구 관련 앱 개발에 뛰어들었던 10여 년 전과 달리 이제는 새로운 축구 어플리케이션을 만드는 일이 어려울 것이라고 전망한다. 창업을 추천하지는 않고, 얌스튜디오 등 현재 모바일앱이나 소셜미디어를 기반으로 운영되는 채널들을 눈여겨볼 것을 권하는 편이다. 혼자서 시작하는 것은 어렵지만, 뜻이 맞는 사람들과 함께 하면 새로운 가능성이 보일지 모른다.

이동준 얌 스튜디오 대표는 젊은 CEO로 업계에 뛰어들었다. 30대 초반에 회사를 설립해 약 10년간 탄탄한 기업으로 이끌어왔다. 그는 독특한 이력의 소유자다. 아주대학교에서 컴퓨터공학과 미디어학을 복수전공했다. 분야가 전혀 다른 두 학문을 공부하며 다양한 소양을 쌓았다.

공부를 열심히 한 것은 아니었다. 대학 생활에 지루함을 느껴 1학년을 마치고 작은 IT회사에 들어가 일을 했다. 이후 병역특례로 업종이 전혀 다른 두 회사에서 경험을 쌓았고 졸업 마지막 학기에는 다음커뮤니케이션(현 카카오)에서 서비스 기획자로 재직했다. 다음의 대표적인 서비스인 한메일과 모바일 파트를 담당했고, 웹에서 문자 메시지를 보내는 서비스를 만들고 운영했다. 그렇게 다음에서 3년을 일하다 엔씨소프트로 이직했다. 엔씨소프트에서는 플레이엔씨(plaync) 포털 사이트 개편과 다수의 게임 기획을 담당했다. 당시 이 대표가 만든 형태가 꽤 오랜 기간 지속됐다.

일찍 시작한 직장 생활이 10년에 이르자 흥미가 떨어졌다. 매일 회사에 출근해 컴퓨터 앞에 앉아 있는 시간이 지루해지자 그는 사직서를 던졌다.

2011년은 앱 시장이 이미 포화 상태를 향해 가던 시기였다. 소규모로 제작하기엔 이미 대부분의 분야가 선점된 상황이었다. 그래도 이 대표는 3년만 해보겠다는 생각으로 앱 시장의 막차를 탔다. 그는 "나이, 사회 분위기, 시장 상황 등을 고려했다. 회사 생활을 할 만큼 했으니 하고 싶은 것을 해보자는 생각으로 나왔다"라고 얌 스튜디오를 시작한 계기를 이야기했다.

이 대표가 구성했던 앱은 원래 축구와 관련된 것은 아니었다. 회사를 나오기 5년 전부터 평소 생각했던 10가지 정도의 소소한 아이디어 중 하나였다. 그는 두 달간 오피스텔을 잡고 놀다시피 일했다. 아니 그냥 놀았다고 해도 될 정도였다고 한다. 그리고 옛 직장 동료들을 한 명씩 호출했다. 조건은 공동 창업. 대신 일은 평일 저녁이나 주말에만 해도 된다는 조건이었다. 앞서 말한 수익을 N분의 1로 나누는 정책도 이때 시작됐다.

총 7명이 모이고 보니 10가지 후보 중에 가장 빨리, 그리고 재미있게 만들 수 있는 앱이 축구 분야였다. 원래는 스포츠 전체를 다루는 앱을 기획했지만 분야가 너무 방대해진다는 이유로 빠르게 포기했다. 그래서 우선 해외축구를 선택했다. 두 달 반 만에 앱을 만들고 출시했는데 나오자마자 반응이 폭발적이었다. 2012년 1월 출시 이후 단 이틀 만에 스포츠 분야 1위, 닷새 만에 전체 14위에 랭크됐다. 순위가 높아져 자연스레 노출 빈도가 늘어나면서 고공행진을 이어 나갈 수 있었다.

오늘의 해외축구가 기대 이상의 성과를 내자 얍 스튜디오는 빠르게 움직였다. 다음 계획으로 있던 오늘의 K리그를 제작해 출시했다. 국내 축구 팬의 성원을 받은 끝에 출시 2년 만에 연맹 공식앱으로 등극했다. 디자인은 물론이고 앱의 사용성이 편리하고 훌륭해 연맹에서 제작한 앱을 대신하게 된 것이다.

최근 스포츠토토가 성행하는데 얍 스튜디오는 두 앱에 베팅 관련 정보나 기능은 넣지 않고 있다. 스포츠 일정을 알려주는 대부분의 앱들이 베팅 정보를 담고 있는 것과는 차별화된다. 자칫 축구 팬이 아니라 베팅 매니아를 위한 앱이 되어버릴 수 있다는 우려 때문이다.

덕분인지 오늘의 해외축구와 오늘의 K리그는 여러 스포츠 브랜드와 협업하는 등 건강한 이미지를 구축, 유지하고 있다. 사업 시작 2년차에 스포츠 브랜드와 파트너십을 맺었다. 이 대표는 처음에 앱을 만들면서 두 업체의 광고를 끌어오면 성공이라 생각했는데 불과 1년 만에 목표를 이뤘고, 현재까지도 브랜드, K리구 구단 등과의 협력 관계를 유지하고 있다.

비즈니스 업계에서 흔히 있는 접대나 영업을 통해 얻은 게 아니라는 점에서 의미가 크다. 이 대표는 "우리가 하는 모든 일을 투명하게 보여줬다. 차근차근 친해지고 꾸준히 신뢰를 쌓은 결과"라고 이야기했다.

MIXED ZONE

이 대표의

창업 목적은 돈이 아니었다. 무조건 잘 될 거라고 생각하지도 않았다. 그거 자신이 좋아하는 일을 좋아하는 사람들과 해보자는 생각뿐이었다. 하다 안 되면 다시 회사에 들어갈 생각도 했다. 그런데 기대 이상으로 회사는 잘 운영되고 있다. “해보고 싶은 것을 다 해보자”라는 그의 꿈은 10년이 지난 지금도 현재진행형이다.

현실적으로 얌 스튜디오 같은 회사가 축구판에 다시 등장할 가능성은 제로에 가깝다. 그래서 이 대표는 물론이고 필자도 앱 개발 업체 창업을 추천하지 않는다. 취미 차원이라면 모르겠지만 사업 측면에서는 계란으로 바위를 치는 것과 다른 없다.

창업은 어렵지만 대신 관심이 있다면 앱과 SNS를 통해 얌 스튜디오의 채용 계획은 자주 들여다보는 것을 추천한다. 이 대표는 뜻이 맞고 능력을 갖춘 새로운 사람과 함께하고 싶어 한다. 사실상 채용이라기보다는 공동 창업을 한다는 각오로 함께 일할 사람을 찾는 편이다. 회사가 착실하게 성장한 덕분에 지금은 개발, 영상, 취재, 운영, 기획 분야의 여러 직원이 분야를 나눠 업무를 담당하고 있다. 10명이 되지 않는 작은 기업이지만 축구계에서 빼놓을 수 없는 업체로 확실한 존재감을 과시하는 중이다.

memo

정다워

급여 수준	★★★★★★★★☆☆ 단순 앱 개발 회사는 아니다	**8.0**
업무 강도	★★★★★★★☆☆☆ 업무 특성상 주말에도 일할 때가 있다	**7.0**
업무 만족도	★★★★★★★★☆☆ 10년 넘게 지속되는 것을 보면 만족도는 높다	**8.0**

JOBS AND CAREERS 16

IN THE KOREAN FOOTBALL INDUSTRY

축구
일을
너무
하고
싶다

초판 1쇄 펴낸 날 | 2022년 7월 29일
초판 3쇄 펴낸 날 | 2024년 7월 26일

지은이 | 김환, 정다워
펴낸이 | 홍정우
펴낸곳 | 브레인스토어

책임편집 | 김다니엘
편집진행 | 홍주미, 이은수, 박혜림
디자인 | 참프루, 이예슬
사진 | 연합뉴스, FA photos, 저자 및 인터뷰이
마케팅 | 방경희

주소 | (04035) 서울특별시 마포구 양화로 7안길 31(서교동, 1층)
전화 | (02)3275-2915~7
팩스 | (02)3275-2918
이메일 | brain_store@naver.com
블로그 | https://blog.naver.com/brain_store
페이스북 | http://www.facebook.com/brainstorebooks
인스타그램 | http://www.instagram.com/brainstore_publishing

등록 | 2007년 11월 30일(제313-2007-000238호)

ISBN 979-11-88073-94-8(03190)

* 이 책은 2015년 출간된 『축구직업설명서』의 전면 개정판입니다.

* 연합뉴스, FA photos, 저자 및 인터뷰이 제공사진 외 이미지는 본문 내에 출처를 표기하였습니다.